WUNDER
EINGEBUNGEN
WAHRNEHMUNGEN

Kommunikation mit dem
Universum - Jenseits - Unterbewusstsein

Buch

Jeder Mensch ist mit dem Wissen des Universums verbunden. Wir haben es nur durch die Inquisition, die Industrialisierung und die Schnelllebigkeit verlernt, Eingebungen und Wahrnehmungen wahrzunehmen. Das heißt, wir beachten sie nicht und wenn doch, nehmen wir sie nicht als die Wahrheit an.

In diesem Buch will ich mit meinen eigenen Erfahrungen und Erlebnissen zeigen, wie wertvoll und hilfreich Eingebungen und Wahrnehmungen sind.

Was mir auch sehr am Herzen liegt: es geschehen heute im Alltag immer noch Wunder, genau wie vor über 2.000 Jahren.

Im Buch mit dem Titel: „Engel, Jenseitsbotschaften und anderes Außersinnliche" schreibe ich auch über einige Erfahrungen mit Eingebungen und Wahrnehmungen, die ich in diesem Büchlein aber nicht wiederholen will.

Ilse Jedlicka
1210 Wien
E-Mail: jedlicka@hausdesfriedens.at
Web: www.hausdesfriedens.at
Dezember 2015

Herstellung und Verlag:
BoD – Books on Demand, Norderstedt

ISBN 9783734764677

Das Wunder ist des Glaubens liebstes Kind
Göthe, Faust I, Vers 766

Die Hochzeit von Kana. – Ich kann das nicht glauben, sagte einer zu dem großen Hieronymus, das ist ja eine Unmenge Wein! Der Bibelgelehrte antwortete nachdenklich: Ja, wir trinken heute noch davon.
L. Zetti: „Die wunderbare Zeitvermehrung"

Inhalt

Buch	3
Vorwort	8
BEWUSSTSEIN	**11**
bewusst	11
unbewusst	11
Wissen	11
Weisheit	12
WUNDER	**14**
Überlebender in Grube/Bergwerk	15
Gott hält, was er verspricht	17
Wir standen in Flammen	20
GEBET	**22**
Gebet zur Geburtstagsfeier	23
Stoßgebet	25
TELEPATHIE	**26**
Mein erstes telepathisches Erlebnis	26
Eine Botschaft steht in meiner Stirn	27
Telepathie oder Körpersprache	29
EINGEBUNG - WAHRNEHMUNG	**31**
Ich nehme Wahrnehmungen wahr	33
Unbegreiflichkeit begreiflich machen	35
Wahrnehmung oder Überheblichkeit	37
Wie auch wir vergeben	39
Ein Schmetterling als Zeichen	41
Ich habe gehört	43
Ich habe gesehen	45
ZUFALL	**46**
Frauenkirche in Dresden	46
Durch Zufall Energetikerin geworden	49
Es tut mir so leid, dass ich ihm nicht helfen kann	51
Ihr Seid das Salz der Erde	55
Wie eine geschnittene Rose	57
Auch große Freude muss verarbeitet werden.	59
Ruhe in Frieden	61
VORAHNUNG	**62**
Gedenken an die Zunami-Opfer	63
Zunami zerstört Atomkraftwerk	65
Nie wieder Hiroshima	66
EINFÜHLUNGSVERMÖGEN	**68**
Mit anderen Augen	68
Gegenverkehr bei Gefühlen	70

Kommunikation mit Tieren 71
Apropo Stimme 73
Kommunikation mit Pflanzen 75
Die Birke 76
DEJA VUE **78**
Möglichkeiten eines Deja Vue 78
CHANNELING **79**
Für mich gechannelt 79
SCHAMANISCHE REISEN **81**
Was ist Schamanin oder Schamane? 81
Schamanische Reisen oder Erlerntes? 82
Birnbaum ohne Krone 83
TRÄUME **84**
Wenn Babys träumen 85
Ich habe geträumt 88
Nabucco 93
Pferdetraben 95
Bedingungslose Liebe 97
Die Heiligen Drei Könige 99
NAHTOD – KURZTOD – TODESNAH **100**
Fastenzeit 100
Den Himmel erfahren 103
WAHRE WERTE **104**
Reich beschenkt 104
Mich ganz dem heiligen Willen hingeben 106
Ilse hilf heilen 108
Autorin 111
Haben Sie schon meine anderen Bücher gelesen? 112
Quellennachweis 112

Vorwort

Als Bibelrundenleiterin habe ich im April 2011 mit folgendem Text in einem Falter eingeladen:

Gibt es Gott im Zeitalter der Flugzeuge immer noch? Oder hat Gott vor zweitausend Jahren aufgehört uns zu lieben?

Der Glaube macht den Verstand nicht überflüssig.
Wenn der Glaube wahr sein soll, muss er das Geglaubte verstehen wollen, und zwar nicht um mit dem Geheimnis Schluss zu machen, sondern um seine wirklichen Dimensionen erahnen und die gnadenhafte Logik Gottes voller Staunen besingen zu können.

Leonardo Boff

Die Bevölkerung wird in den Medien über das Fehlverhalten der Kirchenführung informiert. Man hört aber so selten davon, wie lebendig Gott in jedem von uns ist.
Jesus wollte keine hierarchische Kirche wie wir sie kennen gründen, sondern er wollte Gemeinschaft. Gemeinschaft mit Gleichgesinnten!

In der Bibel sind Gottesbegegnungen und Wunder alltäglich - also, bis vor zweitausend Jahren?

Es gibt sie auch heute noch - die - WUNDER.
Gott ist heute noch genauso existent, wie zu Zeiten von Adam und Eva. Nur, wenige reden darüber. Betrachten wir mit unseren Augen die Botschaften der Bibel.

***

Ich habe bis zu meinem 18. Lebensjahr den Religionsunterricht besucht, trotzdem hatte ich keine Antwort, als mich meine Tochter fragte: „Mama, wie kann ich an einen Gott glauben, der sagt, du darfst nicht

töten, aber alle Ägypter tötete, als sie die Israeliten verfolgten?"
Daraufhin habe ich viele Theologen darüber befragt, doch keiner, außer unser damaliger Pfarrer Stephan Schwarz hatte eine Antwort.

Für mich war das der Anlass zweieinhalb Jahre ein Bibelstudium zu machen, anschließend einige theologische Kurse zu besuchen und mich viele Jahre mit der Bibel auseinander zu setzen.
Nun betrachte ich die Aussage der Bibel mit meinen eigenen Augen und lasse mir nicht von Theologen vorgekaute Meinungen „aufdrücken".

Um nicht „einseitig" zu denken, habe ich mich vor vielen Jahren intensiv mit den fünf Weltreligionen und verschiedener Konfessionen der Christen auseinander gesetzt. Beziehungsweise - begonnen hat es, als ich mit zweiundzwanzig Jahren einem wunderbaren Mann begegnete, der Moslem war. Ich dachte damals: „Nur weil ich in eine römisch katholische Familie hinein geboren wurde, muss es nicht sein, dass das auch unbedingt meine Religion ist."
Meine Entscheidung fiel für die röm. kath. Kirche aus, obwohl Maria damals für mich schon nicht mehr die „Mutter Gottes" war. Sie hat mich zu sehr enttäuscht und als Jesus in der Öffentlichkeit auftrat, ist sie mit ihm auch nicht so umgegangen, wie ich mir das von einer Mutter wünsche.

Der Grund, dass ich aus der röm. kath. Kirche noch nicht ausgetreten bin ist wahrscheinlich jener, weil ich als Erwachsene diese Entscheidung selber getroffen habe ohne dazu verpflichtet oder bevormundet worden zu sein. Nun hat das mit Treue zu tun, ich bin im Christentum beheimatet - ich bin Christin.
Es ist zwar schmerzlich für mich zu sehen, wie oft die Obrigkeit der röm. kath. Kirche gegen Gottes Willen

handelt, bzw. vorgibt den Willen Gottes besser als wir - ihr Fußvolk, zu kennen.

Oder ist den führenden Männern der röm. kath. Kirche wirklich nicht bewusst, dass Gott z. B. auch Frauen, oder Männer mit Partnerin als Priester wünscht? Dass den Zölibat nur jene Menschen leben sollen, für die es richtig ist und so lange es für sie richtig ist? Doch bin ich der Meinung Gott wünscht, dass sich Menschen die ein Priesteramt ausführen oder es ausführen wollen, noch besser prüfen, als jeder andere Mensch, weil sie ein besonderes Vorbild sein sollten.

BEWUSSTSEIN

Das Wort „Bewusstsein", stammt vom Wort „Gewissen" ab. Es hat vielfältige Bedeutung, wird aber im Sprachgebrauch in der Verbindung von Geist und Seele verwendet.

bewusst
Worauf wir uns erinnern können ist uns „bewusst". Das sind Erfahrungen und das Wissen aus der Gegenwart. Aber auch alle Erinnerungen aus der Vergangenheit.

unbewusst
Wir reagieren sehr oft unbewusst, das heißt ohne zu denken, aber auch nicht aus Gewohnheit. Im Unterbewusstsein ist der Sitz der Weisheit aller vorangegangener Generationen von Vater und Mutter und die vergessenen Erfahrungen, sowie das vergessene Wissen der Gegenwart.
Das Wissen des ganzen Universums ist in der Energie enthalten, die wir „Akasha-Chronik" nennen.
Das heißt, alle Erfahrungen und Erlebnisse, die jeder Mensch im Leben auf der Erde macht, gehen durch den Tod nicht verloren, sondern bleiben als Energie erhalten.
Unsere Wahrnehmungen, Träume und Visionen kommen aus diesem Trance.

Wissen
Wissen entsteht mit lernen durch zuhören, ansehen oder lesen.

Weisheit

„Höhere Gewalt", ich nenne es den Willen Gottes. Um Weisheit zu erlangen, hat uns Gott, außer der Weitergabe von einem Menschen an einen anderen oder von einer Generation zur nächsten, die Erinnerung unserer Seele - unser Unterbewusstsein gegeben.

Durch sie können wir Weisheit schöpfen. Schöpfen – aus der göttlichen Quelle. In der Seele ist das ganze Wissen des Universums gespeichert. Weisheit entsteht aus Erlerntem, durch eigene Erfahrungen und durch Wahrnehmungen. Nicht jeder wird durch lernen und eigenen Erfahrungen weise. Es kommt darauf an, ob man es wichtig nimmt oder es wieder vergisst. Nur wenn man das Gelernte und die eigenen Erfahrungen umsetzt und anwendet wird man weise.

Ich glaube, es ist dabei auch sehr wichtig, dass man das Unterbewusstsein „anzapft" oder „abruft", sich dafür „öffnet". Die Möglichkeit dazu hat jeder Mensch. Die Begabung dafür spielt meiner Meinung nach eine große Rolle. Es ist wie bei den Gaben, wovon der eine diese und der andere jene hat. Wie kann man sich für das Unterbewusstsein öffnen oder es anzapfen?

Öffnen kann man sich zum Beispiel durch Kontemplation, Meditation oder Gebet. Oft aber kommt eine Wahrnehmung aus heiterem Himmel. Man müsste diese Wahrnehmungen nur ernst nehmen und als Wahrheit annehmen, was in der heutigen Zeit wenige Menschen tun.

Anzapfen oder Abrufen kann man zum Beispiel mit „austesten" wie es Kinesiologen und Erleichterer praktizieren. Auch durch channeln mit Verstorbenen oder übernatürlichen Wesen wie Meister, Heilige oder Engel.

Ich weiß nicht, aus welchem Buch ich es kopiert habe, der Autor/die Autorin möge mir verzeihen. Die Aussage dieser Autorin oder des Autors über Weisheit ist schon Weisheit.

„*Weisheit sieht soweit und so tief, sie blickt vor die Vergangenheit und hinter die Zukunft. Mit anderen Worten, Weisheit setzt ein, ohne irgendwelche Fehler zu machen, weil sie die Situation so deutlich erkennt. Zum ersten Mal müssen wir deshalb beginnen, mit Situationen umzugehen, ohne den verblendenden Fehler zu machen, von einem ICH auszugehen, das noch nicht einmal existiert. Wenn wir diesen Schritt getan haben, werden wir tiefe Einsichten gewinnen und bisher unbekannte Erfahrungen machen, weil wir zum ersten Mal so etwas wie eine neue Dimension wahrnehmen. Wir werden erkennen, dass wir uns tatsächlich zur gleichen Zeit, während wir auf dem Weg weitergehen, bereits am Endziel befinden. Das kann aber nur dann sein, wenn es am Anfang kein ICH gibt und wenn keine Erwartungen vorhanden sind.*"

Ich sage dazu: „Der Weg ist das Ziel." (Es ist gemeint: keine bestimmten Erwartungen haben.)

WUNDER

Wunder nennt man Erlebnisse, die von der Wissenschaft nicht erklärbar sind. Außergewöhnliche Ereignisse, die Ver-**wunder**-ung oder Erstaunen hervorrufen, nennt man Wunder.

In der Bibel wird von vielen Wunderheilungen erzählt. Ich erlebe sie fast täglich bei meiner Arbeit als Humanenergetikerin. In Österreich darf ich, da ich keine Ärztin bin, es nicht Heilung nennen. Ob ich es Wunder nennen darf?
Unter: „HUMANENERGETHISCHEN METHODEN" können Sie mehr darüber lesen.

Überlebender in Grube/Bergwerk

Im Juli 1998 geschah das Grubenunglück in Lassing in Österreich. Von 1983 bis 1987 lebte ich in einem kleinen Ort in Kärnten, in dem damals noch ein Bergwerk in Betrieb war und ich mich beruflich mit den Kumpel aus der Grube verbunden fühlte. Wahrscheinlich deswegen empfand ich besonders bei diesem Unglück intensive Betroffenheit. Den Fernseher hatte ich aufgedreht, um immer die neuesten Nachrichten zu hören. Als in Erwägung gezogen wurde, dass die Suche nach einem Überlebenden abgebrochen werden sollte, war ich erst sehr erschrocken. Dann rief ich unter anderen Persönlichkeiten auch den Bergwerksdirektor den ich von damals kannte und auch nachher bei Umweltkonferenzen (Klimabündnis) getroffen habe, an. Ich habe gebeten, nicht aufzuhören zu suchen, denn dieser Mann lebt noch. Ich bekam zur Antwort, dass das nicht möglich ist, das Wasser hat alles „absaufen" lassen. Ich fühlte aber, dass es eine Luftblase gibt in der er eingeschlossen ist.

Meine klare, eindeutige Aussage: „Wenn ihr jetzt aufhört zu suchen, ist das Verrat gegen alle Kumpel auf der Welt." dürfte angekommen sein, denn es wurde weiter gesucht.

Am nächsten Tag begab ich mich auf eine Studienreise nach Israel. Ich hatte zu der Zeit noch kein Handy, daher bat ich Mitreisende, als sie zu Hause anriefen, zu fragen wie es den Bergleuten in Lassing geht. Da bekam ich einmal die Nachricht, dass der Verschüttete ein Lebenszeichen gegeben hat. Ich war tief berührt und sprachlos, deshalb musste ich ein Stück von der Gruppe weggehen, denn wer würde verstehen, was ich empfinde?

O Gott, was tust DU mit mir? Niemand außer einer guten Bekannten, die mich bei dieser Reise begleitete hat mir geglaubt dass er noch lebt. Am Abend erfahre ich, der Kumpel ist im Krankenhaus in Graz und es geht ihm gut.

Am Flughafen in Wien, legte ich noch vor der Abreise das Schicksal dieses Menschen in die Hände Gottes. Sei DU ihm Trost, solange er lebt. Gib ihm Ruhe und Frieden. Lass ihn die Zeit nicht merken, die er ganz allein in der Finsternis erleben muss.

Erst zu Hause erzählten mir meine beiden Töchter näheres. Genau das, worum ich Gott gebeten habe, ist eingetroffen. Der Überlebende meinte drei Tage eingeschlossen gewesen zu sein und nicht 10 Tage!!!

Gott, DU ließest wieder ein Wunder geschehen.

Gott hält, was er verspricht

1987 war es, als ich Gott fragte, was er denn noch von mir will. Ich habe ihm schon alles gegeben, außer meinen Kindern und mein „Daheim" mit dem Dobratsch gegenüber. (Ein Berg in der Nähe von Villach in Kärnten.) „Bitte nimm mir nicht auch noch meine Kinder und den Dobratsch." Zwei Wochen danach saß ich die ganze Nacht beim Fenster, um mich vom Dobratsch zu verabschieden, weil es für meine beiden Kinder und mich besser war, nach Wien zurückzukehren. Plötzlich wurde ich ganz ruhig und spürte, wie zum ersten Mal in meinem Leben, Demut meine Seele völlig ergriff. Ich habe mich Gott total hingegeben. Die Bitte war wirklich eine BITTE. Wenn DU auch noch einen körperlichen Schmerz verlangst, BITTE tue ihn mir an, BITTE nicht meinen beiden Kindern.

Nur ein halbes Jahr danach hatte ich einen Unfall, wobei meine rechte Seite und die Wirbelsäule verletzt wurden. Mein rechtes Bein blieb verkürzt und unförmig, meine Kreuzbänder sind eingerissen und mein Rücken sowie die Schultern kamen auch nicht mehr ganz in Ordnung. Dazu muss ich sagen, das Einzige, was mir an meinem Körper bis dahin gefiel, waren meine Beine. Durch den Sport, den ich vorher betrieben habe, hielt ich meine Figur im Rahmen. Als ich im Krankenhaus lag, wurde mir bewusst, dass Gott mir damit die Antwort gegeben hat. Immer wieder sagte ich mir: „Lieber mir als den Kindern." So oft ich mich wegen meines Körpers schäme - ich habe ca. 40 kg zugenommen, weil der aktive Sport für mich vorbei ist - werde ich an das Versprechen Gottes erinnert. Er hält sein Wort und verschont meine Mädels. Bei diesem Unfall hatte ich ein sogenanntes Kurz- oder Nahtoderlebnis, wo ich Gottes Nähe fühlte. Ich empfahl ihm meine Kinder mit der Bitte, ihnen kein schweres Leid zufügen zu lassen.

Sieben Jahre später: Meine jüngere damals sechszehnjährige Tochter war übers Wochenende in Niederösterreich bei den Großeltern. Da hatte sie mit ihrer Cousine und einer Freundin einen Autounfall, bei dem es ein Wunder war, dass sie nicht schwer verletzt wurde. Die Gendarmen meinten, dass die Mädchen einige Schutzengel gehabt haben müssten, weil sie überlebt haben. Meine Tochter hatte in der noch warmen Zeit eine Winterjacke angezogen, die ich ihr zufällig zwei Tage vorher gekauft hatte und die ihr so gut gefiel, nicht weil ihr kalt war erzählte sie mir nachher, sonst wäre sie nach den Angaben der Ärzte wahrscheinlich gelähmt oder tot. Die Gendarmeriebeamten zeigten mir Fotos und die Spuren, wo sich das Auto, das meine 16 jährige Nichte lenkte (ohne Führerschein, die Führerschein- und Wagenbesitzerin saß daneben), überschlug. Das Auto blieb am Dach liegen und war so zusammengedrückt, dass die Mädchen die Türen nicht öffnen konnten, mit der Angst, der Wagen würde gleich brennen, weil Rauch vom Motorraum herausquoll.

Zur selben Zeit als der Unfall passierte, dachte ich: „Ich muss meinen Bruder anrufen. Wenn meine Tochter bei ihm in dem kleinen Ort ist, muss er achten, dass ihr kein Unglück passiert." Ich dachte dabei an die Sicherheitsvorkehrungen bei radioaktivem Unfall eines Kernkraftwerkes. Nicht erst einige Tage, sondern einige Monate vorher hatte ich einen Kurs für Zivilschutz besucht und damals auch vorgesorgt. Nun kam es mir in den Sinn, meinen Bruder auf die Gefahren aufmerksam zu machen, aber auch darum zu bitten, dass er meine Tochter in seine Obhut nimmt.

Zur gleichen Zeit, da ich vergeblich meinen Bruder telefonisch zu erreichen versuchte, rief mich mein Neffe in Wien an, um mir die Unglücksbotschaft mitzuteilen. Zirka eine halbe Stunde vorher schreckte meine ältere Tochter aus dem Nachmittagsschlaf (es war Feiertag) und erzählt mir ganz verdattert, sie hätte geträumt, ihre Schwester, also meine jüngere Tochter, war in einem

Auto eingeschlossen und wollte ein Fenster öffnen aber konnte es nicht. „Sie braucht Hilfe", meinte meine Tochter.

Als meine ältere Tochter und ich ins Krankenhaus fuhren, machte ich Gott auf sein Versprechen aufmerksam. „Du hast mir doch versprochen...." Ich fühlte aber auch, dass alles gut werden würde. Das heißt, im hintersten Winkerl war die Angst, kann ich mich auf Gott verlassen? Ich konnte mich auf ihn verlassen. Nach zwei Wochen meinten die Ätzte es wäre wie ein Wunder, denn man sah nichts mehr im Röntgen von fünf angeknacksten Wirbeln und von einer Absplitterung. Jedoch ihre Seele, die seit schlimmen Erlebnissen im vorangegangenen Jahr krank war, hat durch das Inferno bei dem Unfall wieder gelitten.
Meine Liebe zu ihr war wohl stark genug und meine Erfahrung mit Depressionen groß genug, sodass ich meine Tochter wieder aus ihren Depressionen heraus führen konnte. Auf jeden Blick und jedes Wort von ihr achtete ich. Veranstaltungen und Konferenzen sagte ich ab, um so viel Zeit wie nur möglich in ihrer Nähe zu verbringen und wir führten stundenlange Gespräche.
Wir redeten oft viel miteinander, das brauchte sie immer schon, aber da führten wir Gespräche, um sie seelisch wieder gesund zu machen. Auch im Krankenhaus wollte sie, dass ich in der Früh komme und bis nach der Abendtoilette bleibe. Zum Glück hatte ich arbeitsmäßig freie Zeiteinteilung und konnte nachts arbeiten. Sie musste wegen der Wirbelsäule flach liegen. Ich habe sie gefüttert und ihr die Leib-Schüssel gebracht. Die intimsten Dinge machte ich für sie oder mit ihr. Ich habe ihr vorgelesen oder lag bei ihr im Bett und hielt sie in meinen Armen. Wir waren so miteinander verbunden, dass ich das Gefühl hatte, wir wären Eines. Nach einem Jahr war sie so, wie ich mir ein Mädchen mit 17 Jahren vorstellte. Sie sagte mir, sie sei glücklich - und ich war es mit ihr.

Wir standen in Flammen

Es ist etwa zwanzig Jahre her, einige Wochen vor Weihnachten, als meine ältere Tochter in ihrer „Jungfrauenwohnung", die neben meiner Wohnung lag, Kerzen gießen wollte. Zu diesem Zweck stellte sie einen alten, von ihrer Großmutter - die meine Mutter ist - „geschnorrten" Topf, angefüllt mit hartem Wachs auf den Elektroherd. Klug, wie sie meinte zu sein, schaltete sie auf mittlere Hitze, ging in ihr Zimmer und schloss die Tür. Zum Glück eine Glastür. Als sie den Feuerschein durch das Glas sah, lief sie in die Küche, nahm mit einem Tuch den Topf und stellte ihn in die Dusche.

Um uns zwischen den beiden Wohnungen verständigen zu können, hatten wir lange Zeit vor diesem Erlebnis ein Kindertelefon installiert und Klingelzeichen für verschiedene Anlässe vereinbart. In ihrer Aufregung gab sie das Zeichen zum Aufwecken. Ich war verwirrt, denn es war ca. 23 Uhr. Als ich gerade überlegte ob sie vielleicht eingeschlafen ist, bald darauf wieder aufwachte und meinte es sei Morgen, hörte ich vom Gang her ihre Tür und einen Schreckruf nach der „Mama". Schnell war ich bei ihr, sie erklärte mir kurz was geschehen war. In der Eile ließen wir die Tür zum Gang offen. Wolldecke hatte sie keine, also nahm ich ein Hangerl und schob meine Tochter hinter mich. Ich bin ja gerade nicht schlank und dachte, mein Figürchen würde sie schützen, dem auch so war. Die Flammen schlugen fast bis zur Decke. Ich beugte mich in die Dusche, legte schnell das Tuch über den Topf und erstickte damit das Feuer.
Plötzlich aber ein Knall, brennendes Wachs spritzte bis zur gegenüberliegenden Wand, streifte mein Gesicht, Brust, Arme und Beine. Ich spürte ein Brennen am Körper. Der ganze Raum war in Flammen gehüllt. „Da kann ich nichts mehr machen", dachte ich nur und rief meiner Tochter zu, sie solle die Feuerwehr von der daneben liegenden Wohnung aus anrufen. Dann wollte ich alles auf einmal machen. Meine Tochter zur Tür

hinaus schieben, damit sie außer Gefahr ist und weil sie mir zu langsam war, selber die Feuerwehr rufen. Lichterloh brannte es hinter mir.

Als wir beide zur gleichen Zeit aus der Tür wollten, weil meine Tochter plötzlich stehen blieb und etwas sagte, was ich erst gar nicht wahrnahm, wurde ich gestoppt.

Als sie wieder rief: „Mama es ist vorbei", denke ich heute, dass ich da auch noch der Meinung war, sie will sagen, dass alles verbrennt. Als sie aber diesen Satz wiederholte, wurde mir bewusst, dass etwas Beruhigendes in ihrer Stimme war und drehte mich noch einmal um. Sie hatte recht - es war vorbei.

Als Beweis, dass wir beide nicht geträumt haben, brannten die Fransen eines Handtuches, das auf der Außenseite der Dusche hing. Das Handtuch bewahre ich als Andenken auf. Wir fuhren dann beide ins Krankenhaus, weil der Schmerz in meinem Auge stärker wurde. Lange dachte ich darüber nach, warum alles in diesem Raum in Flammen stand und obwohl er auch als Waschküche diente, daher Wäsche und Handtücher herum lag und hing, wirklich nichts verbrannte. Wir befragten verschiedene Leute über die eigentümliche Explosion, denn das Feuer war schon gelöscht. Man sagte uns, dass wir Glück hatten weil die Tür offen war, sonst wären wir beide schlecht davon gekommen und die Fenster wären geborsten.
Ob das ein Wunder war?

2014 zu Weihnachten schenkte mir meine Tochter als Erinnerung an damals den Hl. Florian als Schutzpatron. Er ist fünfunddreißig Zentimeter groß, aus Gusseisen daher schwer. Ich habe ihn auf einen Platz gestellt, von dem ich mir sicher bin, dass er nicht einerseits Feuer abhält, aber wenn er herunter fällt, jemanden verletzt.

GEBET

Gebete wirken oft Wunder. Ich hatte schon die Einladungen für ein Familienfest versendet, als sich zwischen uns vier Geschwistern eine Disharmonie wegen unserer verstorbenen Eltern ergeben hatte. Ich habe befürchtet, dass bei meinem Fest wieder ein Streit entstehen würde und wollte das Fest schon absagen, doch meine Nichten und Neffen mit ihren Familien haben sich schon darauf gefreut. Auch meine Töchter wollten, dass das Fest stattfindet. Sie meinten, die junge Generation wird einen Streit nicht zulassen.

Ich fragte Gott, was ich tun könnte, um ein harmonisches Fest zu gestalten, so, dass unsere Eltern eine Freude mit uns hätten würden sie noch leben. Da wusste ich auf einmal, was ich zu tun habe. Bei den letzten Familienfeiern fehlte mir immer ein Gebet. Jetzt habe aber ich zum Fest eingeladen, daher kann ich auch beten. Kein gemeinsames Vaterunser oder ein Tischgebet, weil das zu allgemein gewesen wäre. Sofort formulierte ich ein Gebet und dann war ich auf einmal ruhig, gelassen und voll Vertrauen.

Es war eine wunderbare, harmonische und fröhliche Feier. Ich bin überzeugt, das Gebet hat alle Anwesenden angesprochen und berührt.

Gebet zur Geburtstagsfeier

„Gott, der DU die unendliche Liebe bist, gib uns genug davon, damit wir dieses Fest fröhlich und friedvoll feiern können.
Lass uns wahrnehmen, dass DU in JEDEM von uns Mensch geworden bist.
Hilf uns, dass wir würdevoll, achtsam und liebevoll miteinander umgehen.
Gib uns die Weisheit und genug Selbstwertgefühl, damit wir die verschiedenen Meinungen nicht als Vorwurf oder Schuldzuweisung annehmen, sondern die Botschaft dahinter erkennen können.

Bitte ermögliche, dass das noch ungeborene Leben in unserer Mitte zur Freude seiner Eltern und zum Wohle aller, gesund das Licht der Welt erblicken darf.

Gott, ich danke Dir, dass ich Mutter für meine wunderbaren Töchter sein darf und sie lange Zeit in meiner Nähe haben durfte. Hilf mir, damit ich ihnen nicht zu oft einen Rat erteile und gib mir die Geduld zu warten, bis <u>sie mich</u> darum fragen.

Ich bin dankbar, dass Du mir so deutlich zeigst, wofür Du mich berufen hast und dass ich damit bzw. dadurch so viel Herzlichkeit und Zuneigung erfahren darf.
Bitte gib mir immer zur rechten Zeit die richtigen Worte, damit sie zum Wohle aller dienen.
Hilf mir, damit ich in jeder Situation gelassen reagieren kann.

Ich bitte Dich, beschütze alle hier anwesenden, sowie jene die heute noch dazu kommen, vor schwerem Leid.

Schenke uns weltweit genug Politiker, die sich für Friede, Gerechtigkeit, Bewahrung der Schöpfung und der Menschenwürde einsetzen.

Gib unseren Familienangehörigen, Verwandten, Freunden und Bekannten, sowie den Ungeborenen in unserer Familie, die uns im Tod vorausgegangen sind, den ewigen Frieden.
Erhalte uns bis zum Tod eine gesunde geistige und körperliche Verfassung und schenke uns eine gute Sterbestunde wenn Du uns heimholst.

Gott, der du für uns himmlischer Vater und Mutter bist, bitte segne alle Menschen und Tiere.
Alle Wesen - die sichtbaren und die unsichtbaren,
hier auf dieser Erde und überall in deinem großen,
für uns Menschen unbegreiflichen, ewigen Universum.
Amen."

Stoßgebet

In meiner Jugend wurde so oft von Stoßgebeten gesprochen. Ihre Wirkung habe ich in der schlimmsten Zeit meines Lebens kennengelernt. Mein Mann wollte sich unbedingt mit einem Gastlokal einen Wunschtraum erfüllen. Um eine Scheidung zu verhindern, zog ich mit ihm nach Kärnten, wo wir ein Gastlokal kauften. Nun ist der Betrieb anders abgelaufen als er dachte und ich habe im Lokal mitgeholfen, anstatt Buchhaltungen für Klienten zu machen, wie es vereinbart war. Die Art von Gästen und Unterhaltung war wider meine Natur. Ich hatte eine Abwehr in die Gaststube zu gehen und wurde immer depressiver, so, dass ich nicht mehr lachen aber auch nicht mehr weinen konnte. Um dieses Leben zu schaffen, habe ich mir eine Fremdenergie zugelegt – den Harlekin, der immer lacht auch wenn er tottraurig ist. Jedes Mal bevor ich in die Gaststube eingetreten bin, faltete ich die Hände und sprach leise ein Stoßgebet. Dann ging ich mit einem künstlichen Lachen, das aber niemand erkannte, in das Lokal.

Beten und der Harlekin haben mir geholfen, diese Jahre bis ich mich dann doch von meinem Mann trennte und mit den Kindern wieder nach Wien übersiedelte, durchzustehen.

TELEPATHIE

Mein erstes telepathisches Erlebnis
Man stellt eine Frage an das Universum oder Gott und erhält eine telepathische Antwort.
Das beste Beispiel - ist auch wissenschaftlich anerkannt - ist der Schluckauf.
Oder wir denken an jemanden, und in diesem Moment ruft er an.
Telepathie kann also zwischen Lebenden stattfinden, aber auch mit Toten und was mir wichtig erscheint mit geistigen bzw. übersinnlichen Existenzen.

Als ich zwischen drei und fünf Jahre alt war, hatte ich mein erstes telepathisches Erlebnis. Ich saß mit übergeschlagenen Beinen auf einem Kindersessel und kam mir dabei vor wie eine Dame. So sollte mich Papa sehen, dachte ich dabei. Einige Minuten später kam mein Vater bei der Tür herein und fragte, wer ihn gerufen hat. Niemand, antwortete ihm meine Schwester. Ich wusste aber, dass das meine Gedanken waren, die Papa herbeigerufen haben. Ich hatte seither, besonders, wenn er oder ich in Gefahr waren, mit ihm telepathische Verständigungen. Telepathie und Wahrnehmung sind fast alltäglich bei mir. Visionen und Träume spielen in meinem Leben eine große Rolle.

Eine Botschaft steht in meiner Stirn

Ich habe wöchentlich einige Gespräche mit Menschen in schweren Krisen, die durch den Tod einer ihnen nahestehenden Person hervorgerufen oder ausgelöst wurden. Was ich da höre und erlebe, berührt mich sehr. Aber es macht mich glücklich, wenn ich helfen kann. Oft auch dann, wenn Ärzte und Therapeuten nicht mehr weiter können. Das aber nur, weil ich außersinnliche Wahrnehmungen wahr-nehme. Jedes Mal danke ich Gott für diese Gabe, die er mir schenkt. Sicher helfen meine eigenen Erfahrungen auch dabei. Es war nicht sinnlos, dass mich Gott viel Leid erleben ließ. Dadurch bin ich gereift und kann anderen Menschen Stütze sein und vor allem Hoffnung geben, weil ich selber jedes Mal aus tiefen Krisen reifer herausgewachsen bin.

Eine junge Frau mit einundzwanzig Jahren sagte einmal im Gespräch, als wir von übersinnlichen Wahrnehmungen sprachen: „Da steht auf einmal eine Botschaft in meiner Stirn." So einen Satz spricht nur ein weiser Mensch aus. Ich finde, dass heute die jungen Menschen mehr nach Harmonie und Frieden streben, als nach finanziellem Reichtum, das ist liebevoll (voll Liebe) und weise.

Sie sind auch sehr sensibel und nehmen Wahrnehmungen wieder wahr so wie damals, als die Menschen noch mit Gott mehr in Verbindung lebten, bis man in weisen Menschen eine Gefahr für zu selbstgefällige Männer sah und sie als Hexen oder Hexer verbrannte. Ich glaube, dadurch wurde für Jahrhunderte der „direkte Draht zu Gott" unterbunden. Langsam fangen wir wieder an, Gott wahrzunehmen. Das heißt, unsere Wahrnehmungen für die Wahrheit anzunehmen. Alle Menschen haben Eingebungen, doch viele wollen oder können sie aus Angst man steckt sie in die Klapsmühle, denn Hexenverbrennungen gibt es nicht mehr, nicht für wahr nehmen.

Es ist auch nicht ganz leicht nach den Eingebungen zu leben. Jesus ist mein großes Vorbild. Er hat meiner Meinung nach seine Wahrnehmungen für die Wahrheit genommen und deshalb bis zu seinem Tod Gottes Willen befolgt.

Wir leben in einer schnelllebigen und gefühlsarmen Zeit, daher breitet sich das Phänomen „Depressionen" schlagartig aus. Schon unsere Generation ist depressiver als die unserer Eltern. Depressionen bekommen nur sensible Menschen. Unsere nachfolgende Generation leidet so sehr an der heutigen Zivilisation, dass viele junge Frauen und Männer zwischen zwanzig und fünfunddreißig Jahren, Multiple Sklerose bekommen.
Kardinal König schrieb in seinem Buch: „Gedanken für ein erfülltes Leben" treffend darüber. Es wundert mich nur, dass er nichts geändert hat. Als Kardinal hätte er viele Möglichkeiten dazu gehabt. Ich bin ihm einige Male persönlich begegnet. Er war ein fröhlicher Mensch und manches Mal erzählte er uns von seinem Leben. Er hat einiges zustande gebracht, aber wie viel Unheil die Kirche anrichtet, war ihm nicht bewusst. Doch ich merke das bei vielen Gesprächen.

Telepathie oder Körpersprache

Ich erwähne öfter, dass ich manches Mal Gefühle anderer Menschen spüre und ich merke manchmal, dass ich dabei falsch verstanden wurde. Wenn jemand in meiner Nähe ist und meint, ich weiß sofort dass und was er mir telepathisch mitteilen will, funktioniert das nicht.
Wenn jemand in meiner Nähe ist, sind es seine Körpersprache, seine Worte, wie er sie spricht und der Ton in seiner Stimme, besonders aber sein Gesichtsausdruck, die vieles ausdrücken und mir vermitteln. So zum Beispiel kann er hell strahlen, wenn er glücklich ist. Oder wenn jemand traurig ist, lässt er den „Kopf hängen". Wenn er belastet ist, das heißt, wenn er Sorgen und Kummer hat, wird er nicht aufrecht gehen, sondern gebeugt. Ich habe jahrelang nicht gesehen, wie viele schöne Hausfasaden es in meiner neuen Wohngegend gibt. Erst als meine Sorgen weniger wurden und ich aufrecht gehen und den Kopf hochhalten konnte, habe ich die Häuser mit ihren schönen Stuckverzierungen gesehen und bewundert.

Die Strukturfunktionen, das sind verschiedene Merkmale z.B. Stand der Augen, die Lippenform und andere Zeichen zeigen die Charaktere eines Menschen.

Aber doch fühle ich auch manches Mal die Trauer oder Angst anderer Menschen, wenn sie nicht in meiner Nähe sind. Wenn ich Angst- oder Trauergefühle habe, fühle ich in mich hinein was diese Angst auslösen könnte, es ist aber oft kein Grund vorhanden bei dem es „klick" machen würde.
Meine Töchter bestätigen mir oft, wenn sie entfernt von mir sind und ich ihre Gefühle spüre. So zum Beispiel wurde ich eines Nachts wach und fühlte, dass es meiner jüngeren Tochter schlecht ging. Sie machte gerade mit einigen Freunden zwei Wochen Urlaub in Italien.

Normalerweise sende ich da positive Gedanken und Gefühle, dieses Mal aber dachte ich: „Sie wird verfolgt, ich muss mit ihr reden." und machte dieses auch. Dann bin ich kurz eingeschlafen und gegen Morgen machte ich die Augen auf und dachte: „Sie ist außer Gefahr." Ich habe darüber nachgedacht, warum ich so denke, konnte es aber nicht eruieren. Am Nachmittag schickte sie mir ein SMS mit der Mitteilung, ich solle sie am Bahnhof abholen, sie käme schon nach Hause.

Bei ihr war in dieser Nacht folgendes geschehen. Sie hatten für diese Nacht kein Zimmer und streiften deshalb die ganze Nacht durch die Stadt. Meine Tochter hatte immer das Gefühl, dass sie verfolgt werden und hörte Stimmen hinter sich. Doch die anderen merkten nichts. Sie blieben oft stehen, aber außer meiner Tochter konnte niemand etwas verdächtiges sehen oder hören. Gegen Morgen fühlte meine Tochter plötzlich eine Erleichterung und dachte: „Die Gefahr ist vorbei, wir gehen gleich zum Bahnhof."

EINGEBUNG - WAHRNEHMUNG

Wahrnehmung ist eine Erfahrung, die wir, wie der Name es sagt, für die **Wahr**-heit-**nehmen** sollten.
Wahrnehmungen sind außersinnlich, deshalb, weil wir etwas nicht mit den wissenschaftlich anerkannten 5 Sinnen **wahrnehmen**.

Wahrnehmungen nennen wir auch „Eingebungen". Wir haben sie oft ohne dass wir etwas dazu beitragen. Aber wir können auch auf Wunsch eine Wahrnehmung herbeiführen.
Wenn ich etwas erfahren möchte, worauf mir kein Mensch eine Antwort geben kann, frage ich Gott – und bekomme auch eine Antwort. Manches Mal sofort, doch es kann auch Tage, Wochen oder sogar Monate dauern, bis ich eine Antwort erhalte.

aus Wikipedia, der freien Enzyklopädie
Außersinnliche Wahrnehmungen *(Abk.: ASW; engl.: Extra Sensory Perception, Abk.: ESP) ist ein Sammelbegriff für eine hypothetische Art von Wahrnehmungen, für die es bislang keine wissenschaftlich bestätigten Nachweise gibt und die per Definition nicht durch bekannte sinnliche Erfahrungen, Wahrnehmungen oder Wissensquellen erklärbar sind. Im Science-Fiction-Bereich werden Personen mit einer solchen Wahrnehmung als Esper bezeichnet.*

Die Parapsychologie unterscheidet drei Modalitäten der außersinnlichen Wahrnehmung:

Telepathie: Übertragungen von Informationen zwischen Lebewesen ohne Beteiligung der bekannten Sinneskanäle

Hellsehen: Außersinnliche Wahrnehmung eines gleichzeitigen Ereignisses

Präkognition: die Erfahrung von zukünftigen Ereignissen (im Rahmen von Sekunden bis zu Jahren)

Die auditive Form des Hellsehens ist das Hellhören, die außersinnliche Wahrnehmung von Worten oder Geräuschen ohne objektives akustisches Ereignis.

Die in die Vergangenheit gerichtete Form der Präkognition ist die Retrokognition, das außersinnliche Erfahren eines vergangenen Geschehens.

Außersinnliche Wahrnehmungen können sowohl im Wachbewusstsein als auch in anderen Bewusstseinszuständen auftreten, z.B. in Trance oder im Schlaf bzw. Traum.

Der Intensität nach kann man bei außersinnlichen Wahrnehmungen sichere Kenntnis, unbestimmtes Ahnen oder einen Pseudo-Sinneseindruck (Halluzination oder Traum, realistisch oder verschlüsselt) unterscheiden.

Das Phänomen der außersinnlichen Wahrnehmung soll nicht nur auf den Menschen begrenzt sein, sondern ist angeblich auch bei Tieren möglich. So wird auch das Verhalten von Katzen, Hunden und Enten bei Untersuchungen der Parapsychologen beobachtet wie z.B. die Unruhe von Tieren vor einem Erdbeben. Inwieweit tierische außersinnliche Wahrnehmungen sich dabei vom Instinkt abgrenzen lassen, ist allerdings unklar.

Ich nehme Wahrnehmungen wahr

Damit Sie verstehen können, was ich meine, wenn ich sage, in Ihrer Vergangenheit hatten Sie sicher spirituelle oder übersinnliche Wahrnehmungen, möchte ich über einige tiefgreifende Erlebnisse in meiner Vergangenheit erzählen.

Selbstverständlich kann ich mich nicht daran erinnern, aber meine Mutter erzählte mir, dass ich als Baby fast verhungert wäre als sie 1945 mit meiner um sieben Jahre älteren Schwester und mir (sechs Wochen alt) geflüchtet ist. Nach Tagen oder Wochen war die Flucht für uns in Vorarlberg zu Ende. Dort aber war ich schon so ausgehungert und ausgetrocknet, dass meine Mutter mit mir zu einem Arzt ging. Dieser meinte, ich wäre nicht mehr lange lebensfähig gewesen. Meine Mutter bekam sofort gute Kost, damit sie mich stillen konnte und musste zwei Wochen lang jeden Tag mit mir zur Gewichtskontrolle kommen, anschließend eine Zeitlang wöchentlich bis der Arzt meinte, ich sei nun „über dem Berg".

Mit achtzehn Monaten begegnete ich auf wundersame Weise zum ersten Mal dem Tod. Ich habe Gänse-Küken zu Tode geliebt. Ich wollte zärtlich sein, weil sie sich dagegen gewehrt haben, musste ich sie aber festhalten. Als drei oder vier nebeneinander am Boden lagen, kamen meine ältere Schwester und ihre Freundin dazu. Sie jammerten, dass die Gänschen tot seien. Als ich fragte: „Warum macht ihr so ein Gejammer, die Küken schlafen doch gut", klärten mich die beiden auf, dass die Küken nicht schlafen, sondern tot sind. Ich wollte weiter wissen, was tot sein ist, da bekam ich zur Antwort, dass sie nie mehr wach werden. Was meinen Sie, was ich dabei dachte? Heute kann ich noch mein Wohlbehagen von damals verspüren, bei meinem Gedanken: "So friedlich wie die hier liegen, muss es schön sein, tot zu sein".

Ich war etwa drei Jahre alt, da wollte ich das erste Mal alleine meine Freundin besuchen. Nachdem mein Heimatort sehr klein ist, war das kein Problem.
Als ich beim Elternhaus meiner Freundin ankam war aber niemand zu Hause. Weder ihre Eltern noch die zwei Geschwister. Ich schlenderte daher durch ihren riesengroßen Garten, besichtigte die Stallungen und den Stadel der hinten im Hof stand. Als ich wieder beim Wohnhaus ankam, war noch immer niemand zu Hause. Das vergitterte Küchenfenster war jedoch offen und auf der Fensterbank lag eine Kugel aus Stanniolpapier. Die Kugel hatte einen Durchmesser von acht bis zehn Zentimeter. Ich dachte: „Mein Gott, geht es den Kindern gut, die haben schon viel Schokolade gegessen. Obwohl meine Eltern einen Kaufmannsladen haben, durften meine Geschwister und ich nicht so viel Schokolade essen, um so einen großen Ball damit zu machen." Der glänzte und er gefiel mir gut, daher nahm ich ihn mit. Als ich beim Haustor der Freundin ankam, dachte ich: „Darf ich den Ball mitnehmen? Was würde der Papa sagen? Der würde sagen der gehört mir nicht, daher darf ich ihn nicht mitnehmen." Ich legte den Ball wieder auf die Fensterbank und ging nach Hause.
Oft habe ich darüber nachgedacht und tue es jetzt umso mehr, da ich ein Enkerl habe, das jetzt drei Jahre alt ist, so wie ich damals. Woher wusste ich, was Papa sagen würde?

Unbegreiflichkeit begreiflich machen

Weihnachten, das schönste Fest des Jahres, hat eine ganz besondere Aufgabe zu erfüllen. Dieses wurde mir nach folgender Gottesbegegnung bewusst.

Seit vielen Jahren habe ich das Gefühl, die röm. kath. Kirche schiebt Jesus vor sich her wie das Goldene Kalb, so, dass oft die Sicht zu Gott verstellt wird und ich suchte vergeblich den Grund dafür zu finden. Als Exerzitienbegleiterin für Exerzitien im Alltag, habe ich vor einigen Jahren an der Exerzitienbegleiter-Tagung in Kärnten teilgenommen. Dem Abschiedsgottesdienst stand Willi Lambert, der für mich ein Vorbild für „Geistige-Begleitung" ist, vor. Bei seiner Predigt dachte ich für einen kurzen Augenblick: „Der versteckt sich auch hinter Jesus, warum nur?"

Plötzlich hatte ich eine telepathische Antwort im Kopf:

„Wie willst du sonst den Menschen
meine Unbegreiflichkeit begreiflich machen?".

Ich war erschrocken und verstand zuerst diesen Satz nicht. „Wie war das?" dachte ich. „Wie willst du sonst den Menschen meine Unbegreiflichkeit begreiflich machen?!" war wieder die Antwort, welche gleichzeitig eine Frage war.

Seit dieser Wahrnehmung denke ich anders. Die Tiefsinnigkeit der Botschaft beeindruckt mich heute immer noch. Wir können Gott weder angreifen, noch viel weniger begreifen. Dadurch kam ich zu der Erkenntnis, die Gott uns durch Jesus bewusst machen will.

Durch die Geburt Jesu offenbart uns Gott die bedingungslose Liebe. Durch die Annahme des vorzeitigen Todes Jesu tut er es wohl auch, aber ein neugeborenes Kind wird in jedem Menschen eine Saite zum Klingen bringen, was der Tod nicht vermag. Die zarteste Saite (vielleicht auch die zarteste Seite) des Menschen und kaum jemand kann sich widersetzen.

Daher ist Weihnachten für uns Erwachsene genauso wichtig, wie für Kinder.
Durch dieses Fest werden wir wenigstens für einen Abend wieder zum Kind und Jesus sagte: „Werdet wie die Kinder." Damit wollte er ausdrücken, dass wir unschuldig, fröhlich, wahrheitsgetreu, sensibel, vertrauensvoll, usw., wie die Kinder sein sollten.
Ich habe mit vielen Menschen darüber gesprochen, den meisten davon geht es so wie mir, dass sie sich auf Weihnachten, „wie ein Kind" freuen.

Wahrnehmung oder Überheblichkeit

Divination ist der Versuch, den Göttlichen Willen zu erkennen, so steht es in: „I Ging für Einsteiger" von Mark McElroy.

Wahrnehmung nenne ich es. Nämlich das, was ich als Botschaft oder Antwort auf eine Frage an das Göttliche empfange und weiß: „Das ist nicht auf meinem Mist gewachsen." Meistens sind die Wahrnehmungen telepathisch und ich muss erst Worte formulieren. Es kann auch sein, dass mir „etwas vor Augen gehalten" wird. Ganz selten sehe ich visionäre Bilder oder höre akustisch etwas.

Wichtig dabei ist es, dass man diese Wahr-Nehmungen für wahr annimmt - die Wahrheit annimmt - und dazu steht.

Ich glaube, um überhaupt Wahrnehmungen zu „spüren" oder „wahrzunehmen", gehört schon sehr viel Feingefühl, Spiritualität und vor allem Demut.

Seit vielen Jahren lebe ich danach und trotzdem, vielleicht auch gerade deswegen, werde ich von manchen Menschen für überheblich gehalten. Da ich ein fröhlicher Erdenbewohner bin und trotzdem zurückhaltend, kann es auch sein, dass sich manche Leute nicht vorstellen können, dass ich gemeinsam mit Gleichgesinnten, schon einiges „bewegen" konnte.

Als ich noch Kind war, wurde ich wegen Wahrnehmungen und meinem Verhalten von Kindern geärgert. Als ich erwachsen war, von Familienangehörigen sogar für geisteskrank gehalten.

Ich nehme die Wahrnehmungen als Geschenk Gottes, da sie mir immer wieder helfen, Krisen zu bestehen und reich beschenkt herauszuwachsen.

Dass ich allerdings seit 1988, nach dem Nahtoderlebnis durch einen Herzstillstand auch viele der Katastrophen von der ganzen Welt wahrnehme, hat mich lange Zeit betroffen gemacht, ich fühlte mich mitschuldig. Ich hatte das Gefühl, ich bin für das Leid der Menschen verantwortlich, da ich es spüre, bevor es geschieht und manchmal sogar sagen könnte, wo es passiert. Meine ältere Tochter und eine Bekannte haben mir geholfen, es anders zu sehen. Ich fühle es zwar, aber verursache es nicht. Seither schütze ich mich oft bewusst davor, doch es gelingt mir nicht immer.

Ich war vier oder fünf Jahre alt, als ich das erste telepathische Erlebnis mit meinem Vater hatte. Er ist 2003 Jahren gestorben und ich erhalte immer noch Botschaften von ihm. Wir waren allerdings auch früher schon geistig miteinander verbunden.

Bei meiner Mutter habe ich überhaupt oft wahrgenommen, wenn es ihr schlecht ging. Das begann bei der Geburt, wie sich jetzt bei einer kinesiologischen Balance herausstellte. Sie ist im Jänner 2008 gestorben, muntert mich aber oft aus dem Jenseits auf und macht mir Mut.

Wie auch wir vergeben
unseren Schuldigern

Ich habe bei mir selber eine „Blockadenablöse" gemacht. Da teste ich nicht mit den Armen wie bei den Klienten, sondern mit den Fingern. Ich weiß auch gar nicht mehr das Thema. Auf jeden Fall hatte ich eine Unterstützungsaufgabe zu lesen. 10 Tage, laut, mit Stirn und Hinterkopf halten. Der Wortlaut war: „Hilf mir, das Verhalten meines geschiedenen Mannes Heinz anzunehmen und zu verstehen." Am Morgen des letzten Tages dachte ich nach dem Lesen: „Annehmen kann ich es vielleicht, aber verstehen werde ich es wahrscheinlich nie." Zum besseren Verständnis, er hat mir sehr hohe Schulden, die er gemacht hat hinterlassen, obwohl er mir geschworen hatte, sie zu zahlen. Weil er sie nicht zurückgezahlt hat, wollte ich die Schande nicht auf mich nehmen und habe daher sehr viel gearbeitet, um diese Schulden tilgen zu können. Es hat Jahre gedauert bis ich schuldenfrei war. Um diesen Betrag konnte ich aber den Kindern weniger geben, die es doch gut brauchen würden. Meine beiden Töchter und ich hatten ein halbes Jahr fast nichts zu essen und und und und....

Anschließend an die Affirmation fuhr ich mit den Frauen der Pfarre nach Maria Lach. Ich war schon öfter in Maria Lach, aber als wir mit dem Bus in den Ort fuhren, hatte ich das Gefühl, etwas ist dieses Mal anders. Ich konnte aber nicht sagen, was.

Als wir mit unserem Pfarrer beim Gottesdienst in der Kirche das „Vater unser" beteten, gab es mir bei: „... wie auch wir vergeben unseren Schuldigern" einen Ruck. „Was war denn das?" dachte ich erst und dann: „Damit setze ich mich nach dem Gottesdienst auseinander." Ich wusste sofort, Gott will mir etwas sagen.

Nach dem Gottesdienst gingen die Leute aus der Kirche und ich setzte mich so, dass ich unbeobachtet war. Dann fragte ich Gott, was er mir sagen möchte. Ich bekam telepathisch eine Frage als Antwort: „Wenn du nicht die finanziellen Schwierigkeiten gehabt hättest,

wärst du dann mit deinen Kindern auch so liebevoll umgegangen?" Darauf wusste ich sofort die Antwort. „Nein", denn da hätte ich des Öfteren wenn sie traurig waren oder Probleme hatten gesagt: „Komm ich gebe dir Geld, kauf dir etwas Schönes, das dir Freude macht." Dann kam: „Wenn du auf jemand zornig deswegen bist, kannst du es auf mich sein, denn ich wollte es so."
Da war ich im ersten Moment sprachlos. Erstens, wie kann ich auf Gott zornig sein, er hat doch alle Rechte. Und er wollte es so? Warum wollte mir das, was ich Gott nenne, so was antun? Aber ich wusste schnell die Antwort. Heinz war immer schon ein geiziger Mensch. Dafür kann er aber nichts, denn das hat ihm Gott in die Wiege gelegt und aus Geiz hat er ein schönes Leben genossen und mir die Schulden hinterlassen auch ohne Unterstützung für mich oder die Kinder. Das konnte ich auf einmal verstehen. Ich spürte nun auch, dass ich mit meinem Verhalten die Tochter, deren Vater er ist darin verstricke. Darum schnitt ich in Gedanken den dicken Strick bei ihm und bei mir durch und verbrannte ihn in einem imaginären Lagerfeuer, damit meine Tochter frei sein konnte. Jetzt fühlte auch ich mich frei und konnte sein Verhalten annehmen und ihn sogar verstehen.

Am nächsten Tag erzählte ich dieses Erlebnis meiner Tochter und die antwortete: „Mama, meine Arbeitskollegin hatte gestern ein Problem mit ihrem Vater und fragte mich, weil ich auch ein Scheidungskind bin, wie es mir mit meinem Vater gehe. Ich antwortete, ich sehe ihn nie und es geht mir gut damit. Ich würde mir nur wünschen, dass es bei meiner Mama auch so wäre."

Ein Schmetterling als Zeichen
der Berufung

Mai 2011 war ein Freitag. Freitag der 13.! Für mich ist das normalerweise ein Tag wie jeder andere. Bemerkenswert war, dass ich an diesem Tag wunderbare Einsichten oder/und Wahrnehmungen hatte.

Erst einmal.
Ich habe gehört, dass Japan nicht von Atomkraftwerken abweichen will und war darüber entsetzt. Ich fragte mich, wie können Menschen so wenig aus Erfahrungen lernen? Dass wir aus den wahrscheinlichen Erfahrungen der Mayas nicht lernen konnten, ist eine Sache.
Eine andere ist es, wenn wir die Katastrophe „hautnah" erleben, nicht zu lernen, dass wir auf dem falschen Weg sind und wenn wir so weiter machen die Menschen auf der ganzen Welt in Gefahr bringen.
Es ist Verantwortungslosigkeit und menschenunwürdig. Ja, sogar menschenverachtend. Die Machthaber, die solche Entscheidungen treffen, sind nicht fähig zu regieren. Wir dürfen uns von ihnen nicht die Zukunft unserer Kinder ruinieren lassen.
Jeder von uns muss dagegen arbeiten. Die Einen mit Aufrufen, die anderen mit Demonstrationen und andere mit Beten oder was uns an friedlichen Taten noch einfällt. Kann auch sein, dass jemand alles das machen kann.
Beten hat eine enorme Kraft - wenn es aus dem Herzen kommt. Gebete können Waffen zum Stillstand bringen und Herzen zur Liebe. Sicher auch Menschen die Unrecht tun, zur Vernunft.

Das zweite Erlebnis.
Aus verschiedenen Gründen stellte ich am Vormittag an Gott die Frage, ob ich mit den humanenergetischen Methoden aufhören soll. Die Antwort darauf bekam ich einige Stunden später.

Ich besuchte am Nachmittag den Aufbaukurs für Bibelrunden leiten. Erst hatten wir: „Einheit der Schrift". Am Abend: „biblische Figuren", die ich schon von einem anderen Kurs kannte. Dieses Mal waren wir 4 Gruppen und jede Gruppe musste nach einem Evangelisten die „Grabesszene" aufstellen. Anschließend wurden die Aufstellungen der Figuren begutachtet.

Doch dann sollten wir jeder ein Symbol nehmen (sie waren am Boden aufgelegt), meditieren und einen Satz bilden über das, was wir mit nach Hause nehmen.

Mein Satz war selbstverständlich: „Wenn ich sterbe, gehe ich „nur" nach Hause!" Als Symbol hätte ich gerne eine Taube gehabt, als Zeichen der Auferstehung. Nachdem es keine Taube gab, nahm ich einen Schmetterling noch im Glauben, weil er auch ein Symbol der Auferstehung ist. Da hatte ich mich aber gewaltig geirrt. Der Schmetterling war die Antwort auf meine Frage am Vormittag: „Soll ich mit den humanenergetischen Methoden aufhören?" Warum? Auf meinen Visitenkarten ist ein Schmetterling, der von einer Hand wegfliegt. Damit will ich symbolisch zeigen: „Der Schmetterling/Mensch kann sich auf meine Hand setzen und wird von mir nicht festgehalten, sondern, wenn es für ihn richtig ist, darf er weiterfliegen."

Soviel zur „Berufung" über die ich am Vormittag nachdachte, was auch der Auslöser für meine Frage war: „Soll ich mit den humanenergetischen Methoden aufhören?"

Nun der Gipfel.
Zwei Tage vorher machte Dr. Rotraud Perner bei einem theologischen Kursabend auf Bücher von Joachim Bauer aufmerksam. An diesem Freitag den 13. kaufte ich das von ihm geschrieben Buch: „Das Gedächtnis des Körpers". Darin wird meine Meinung bestätigt, dass man mit den Eigenschaften welche man vererbt bekommen hat, nicht unter allen Umständen leben muss, sie können verändert werden.

Ich habe gehört
Zweimal hatte ich akustische Wahrnehmungen. Die auditive Form des Hellsehens ist das Hellhören.

Als ich 19 Jahre alt war, wohnte ich mit anderen Mädchen und einer Frau in einer sehr großen Wohnung. Die anderen waren meistens unterwegs und ich war alleine zu Hause.
Eines Abends als ich auf der Toilette war, rief mich aus einer Ecke der Toilette meine Mutter. Laut und unverkennbar. Ich war so erschrocken, dass ich kopflos in mein Kabinett stürmte. Als ich mich wieder beruhigt hatte, konnte ich mir auch vorstellen, was los war. Beim nächsten Besuch befragte ich meine Mutter darüber, sie gab es nicht zu, aber hatte ein seltsames Lächeln im Gesicht, daher wusste ich, dass ich mit meiner Vermutung Recht hatte.

Das zweite Mal kurz vor dem Tod meines Vaters.
Einige Wochen bevor mein Vater das letzte Mal ins Krankenhaus kam hatte ich eine Wahrnehmung, die weder ein Erdbeben noch sonst eine Naturkatastrophe bedeutete. Ich sagte zu meinen beiden Töchtern: „Es ist sehr nahe, es betrifft unsere Familie." Nun weiß ich, dass ich den Tod meines Vaters fühlte. Einige Tage danach befahl mir eine kräftige Stimme im Schlaf, die Ohrstecker herauszunehmen. Es dauerte eine Weile, bis ich halb aufwachte. Im Halbschlaf wusste ich nicht, was ich tun sollte. „Nimm deine Ohrringe heraus" sagte wieder diese männliche Stimme - „Ohrringe - nimm sie heraus". Ich tat dieses bei einem Ohr. Wieder die Stimme: „Jetzt vom anderen Ohr." Auch das habe ich getan. Ich hatte die Ohrringe in der Hand und wusste nicht, was ich damit anfangen sollte. „Lege sie neben dem Bett auf das Tischchen." ordnete die Stimme an. Ich machte es und schlief weiter. Am Morgen dachte ich, ich hätte das geträumt, doch die Ohrringe lagen am Tischchen neben meinem Bett.

Wenn jemand in meinem Umkreis stirbt, lege ich sämtlichen Schmuck ab, außer der Uhr, welche für mich kein Schmuckstück ist. Ich habe nämlich das Gefühl, wenn jemand stirbt, stehe ich mit dem oder der Verstorbenen an der Schwelle des Todes. Vor Gottes Angesicht können wir uns nicht hinter Glanz und Glitzer verstecken. Gott ruft uns, wie er Adam gerufen hat, der sich vor ihm hinter Büschen versteckt hatte.

Einige Tage danach ist mein Vater verstorben.

Ich habe gesehen

In meinem Leben habe ich nur einmal etwas „gesehen", was lt. Wikipedia eine Präkognition ist.

Meine Tochter und ich haben in einem Raum in ihrer Wohnung eine Zwischendecke eingezogen. Wir waren noch nicht fertig, aber ich war schon sehr müde und fuhr nach Hause. Als ich etwa zwei Stunden zu Hause war, sah ich wie in einer Momentaufnahme meine Tochter am Fußboden ihres Zimmers mit verdrehten Beinen liegen. Ich schob dieses Bild, das so plötzlich wie es gekommen war auch wieder verschwunden war, von mir. Erst beim 3. Blitzbild dachte ich, dass ich das ernst nehmen muss, da ich doch immer wieder Eingebungen habe, die sich bewahrheiten. Daraufhin rief ich meine Tochter an und legte ihr ans Herz nicht mehr auf die Zwischendecke zu steigen, denn ich habe sie tot am Boden liegen gesehen. Ich habe sie noch gebeten, das ernst zu nehmen, weil sie doch meine Wahrnehmungen kennt.

Sie antwortete mir: „Mama, ich habe eben gedacht, ich bin so müde, wenn ich nur beim Staubsauger hängen bleiben würde, könnte ich hinunter fallen. Ich muss mir wenigstens das Handy herauf holen. In diesem Moment hast Du angerufen. Ich bleibe unten und wir machen morgen gemeinsam weiter.

Am nächsten Tag haben wir während des Arbeitens eine Leiter auf den Durchlass gelegt, so konnten wir nicht hinunter fallen, bevor das Geländer befestigt war.

Wir sind beide überzeugt, dass sie, wäre sie noch einmal hochgeklettert, heruntergefallen und tot gewesen wäre.

ZUFALL

Frauenkirche in Dresden

Zufall, ist eine Begebenheit oder ein Erlebnis, wozu wir selber nicht bewusst etwas beitragen, oder es planen. Zu-Fall heißt daher, dass Gott uns etwas zufallen lässt.

So ist es ein Zufall, dass meine ältere Tochter und ich vor Jahren im Urlaub einige Tage in Dresden verbrachten, obwohl das schon ein langjähriger Wunsch meiner Tochter Michaela war. Bevor wir nach Dresden kamen, kaufte ich im Erzgebirge einen Schwibbogen, bei uns heißt er Schwiebogen oder Lichterbogen, welcher in der Weihnachtszeit im Fenster steht. Auch das war Zufall, da ich mir seit Jahren einen kaufen wollte und immer das Gefühl hatte, noch warten zu müssen, denn ich werde einen besonderen finden. Im Erzgebirge habe ich mir einen anfertigen lassen, in dem zwei Engel ein Transparent halten, worauf steht: „Friede auf Erden".

Weiters ist es Zufall, dass gerade in diesem Jahr, 60 Jahre nach Kriegsende die Frauenkirche als Mahnmal für den Frieden fertiggestellt wurde. Es war vorgesehen, dass sie im Jahr 2006 fertig sein wird. Meine Tochter und ich wollten in die Frauenkirche, haben aber dann davon abgesehen, da schon viele Leute beim Eingang angestellt waren. Wir wollten noch öfter nach Dresden kommen und die Frauenkirche besuchen, wenn sie in ihrer vollen Pracht fertig ist. Außen haben wir sie wohl betrachtet. Das nächste Mal war im nächsten Advent. Dresden ist die Stadt meiner Tochter. Sie hat das Gefühl, als würde sie etwas Besonderes mit dieser Stadt verbinden. Obwohl die meisten Gebäude kohlrabenschwarz sind, vielleicht aber gerade deswegen, waren wir beide berührt von dieser Stadt. Man dürfte uns die Begeisterung angesehen haben, denn wir wurden auf der Straße einige Male von Leuten angesprochen. Ein älterer Mann hat uns erzählt, was sich in Dresden im

Krieg abgespielt hat. Er wohnte gleich um die Ecke der Frauenkirche, seine Frau verbrachte ihre Kindheit einige Häuser weiter.

Die Weihe der Frauenkirche habe ich selbstverständlich im Fernsehen verfolgt, auch zwei Reportagen vom Aufbau der Frauenkirche.
Bei der Predigt sagte der Pfarrer, der Wiederaufbau der Frauenkirche, der nur durch die Bevölkerung zustande kam und nicht vom Staat, (wie es allerdings auch beim ersten Bau war) sowie Spenden von Menschen auf der ganzen Welt, insbesondere durch den finanziellen Beitrag Englands ist ein Zeichen, dass Friede gelebt werden kann. (Die Engländer haben die Stadt bombardiert zirka 35.000 Menschen kamen dabei ums Leben.)

So war es auch beim neuen Bau unter anderem ein Zufall, dass das Turm-Kreuz von einem Mann gemacht wurde, dessen Vater bei der Bombardierung dabei war. Das alte konnte man nicht mehr renovieren, es steht als Mahnmal in der Basilika. Es gibt Dinge zwischen Himmel und Erde, die wir Menschen nicht begreifen können, wodurch wir aber berührt werden sollen und Glauben lernen können.
Der Pfarrer sagte auch, die Frauenkirche wurde Hoffnungsträger und Brückenbauer. Auf den Kerzen steht geschrieben: „Friede sei mit euch".

Ich persönlich fühle mich durch die Friedensbotschaft sehr verbunden, nenne ich mich doch selber ein „Haus des Friedens" und verkünde immer wieder den Frieden. Angefangen beim Frieden in uns, bis hin zum Frieden auf der ganzen Welt. Durch den gelebten Frieden, retten wir viele Menschenleben und fördern den göttlichen Geist.
Oft erlebe ich bei Menschen, auch wenn ihnen ihr ganzes Leben der Friede nicht wichtig war, beim Sterben

ist er das Wichtigste. Nicht umsonst steht auf den Schleifen der Kränze oder auf Grabsteinen: „Ruhe in Frieden".

So schließe ich diese Betrachtung mit einem Gebet für den Frieden der Menschen, welche diese Verbrechen des 2. Weltkrieges zu verantworten haben/hatten, und für jene, welche sie zugelassen haben. Die durch sie getöteten Menschen, sind schon in das Reich Gottes eingegangen.

Durch Zufall Energetikerin geworden

Nach einigen Abschieden innerhalb von etwas über ein Jahr, schlitterte ich in eine Energielosigkeit. Obwohl ich seit 1990 schon einige Ausbildungen die für das Wohlergehen von Menschen gedacht waren belegt hatte, konnte ich mir selber nicht helfen. 2005 war ich deshalb bei einem Psychotherapeuten. Der konnte mir ein wenig helfen, indem er einen Satz sagte, denn ich mir nie gestattet hätte, ihn auszusprechen. Als ich aber kurze Zeit danach in der Apotheke war, sah ich durch Zufall einen Falter für einige Wochenendseminare und dachte, das könnte mir helfen. Das erste Seminar besuchte ich, kam aber zu dem Schluss, dass es doch für mich nicht geeignet wäre. Das Seminar fand in der Praxis einer anderen Frau statt. In dieser Praxis hing ein großes Poster an der Wand, mit dem Angebot der Ausbildung für Reiki-Meister. Mir fehlte noch der Meister, daher dachte ich, das könnte ich nun nachholen. Das war an einem Sonntag.

Ich schrieb also ein eMail an die Frau der Praxis, dass ich mich dafür anmelden möchte. Diese antwortete mir am Montag, ob ich nicht bei einer Ausbildung „Integraler Coach" mitmachen möchte. Dieser beginnt am Freitag und dauert ein Jahr. Worauf ich verwundert nachfragte, ob da noch ein Platz frei wäre. Ich hatte es noch nie erlebt, dass ich so kurz vor Beginn einer Ausbildung noch einen Platz bekam. Langer Rede, kurzer Sinn, ab Freitag habe ich an der Ausbildung teilgenommen. Am ersten Tag hatte ich allerdings so große Probleme, dass ich während einer Aufstellung unauffällig den Raum verließ und nach Hause fahren wollte. Ich dachte, wenn das so schlimm ist, kann ich diese Ausbildung nicht durchstehen. Durch Zufall, obwohl die Aufstellung noch nicht vorbei war, stand der Co-Trainer im Vorzimmer. Er fragte mich freundlich: "Musst Du schon gehen?" Ich antwortete ihm, dass ich das nicht aushalte. Wir haben das dann geklärt und ich bin geblieben.

Wolfgang der Co-Trainer ist Deutscher und ich habe bis heute Kontakt mit ihm. Immer wenn er von Deutschland nach Wien kommt, besucht er mich. Seine Aufgabe außer Co-Trainer war es, wenn jemand bei Aufstellungen nicht aus der Fremdenergie heraus kam oder schlechte Gefühle nach einer Aufstellung hatte, löste er die Blockaden ab. Auch ich kam einige Male in den Genuss und war von der Technik begeistert. Nach einigen Ausbildungsblöcken erzählte er uns, dass er Trainer dieser weiter entwickelten Kinesiologie sei, die sich Three in One Concepts nennt. Wir waren fünf Personen, die ihn fragten, ob er uns einiges dieser Ausbildung beibringen würde. Ihn störte es nicht, dass er wegen so weniger Teilnehmeranzahl aus Deutschland anreiste, da er die Freundschaft mit einigen von uns sehr schätzte. Wir schafften es allerdings, dass wir neun Teilnehmer wurden. Erst war ich nur neugierig und wollte wieder etwas Neues lernen. Doch nach einigen Blöcken und privaten Ablösen von Wolfgang wurde mir so sehr geholfen, dass ich mit der Ausbildung weiter machte, um damit anderen Menschen helfen zu können wie mir geholfen wurde. Das Burn Out war abgelöst, so auch die Depressionen die ich mein Leben lang hatte. Der Tinitus wurde erleichtert und ich hörte wieder die Uhr ticken usw.

Ich hatte nicht vor den Beruf als Energetikerin auszuüben, ich wollte nur ehrenamtlich helfen. Als ich aber 2008 mit einem plötzlichen akuten Drehschwindel ins Krankenhaus eingeliefert wurde und dort zweieinhalb Wochen bleiben musste, anschließend etwa zwei Monate weder richtig gehen, noch am PC arbeiten oder fernsehen konnte, war mir klar, dass einige Trainer recht hatten. Sie meinten, dass ich nicht alles kostenlos tun darf – der Energieausgleich muss gegeben sein. Ich meldete daher das Gewerbe an und verlange seither Honorar für diese Arbeit.

Ich konnte mir nicht vorstellen, dass ich mit meiner Arbeit so viel Erfolg haben kann. Sie erfüllt mich und macht mich immer wieder froh. Ich bin so glücklich, wie nie in meinem Leben vorher. Täglich danke Gott für die Zufälle, die mich zu dieser Arbeit gebracht haben.

Es tut mir so leid, dass ich ihm nicht helfen kann
Vorgeschichte:
Ich habe zu einer Familie eine ganz herzliche Beziehung. Besonders aber mit dem Mann. Durch seine gottbezogene Lebensführung und gemeinsame Erlebnisse betrachte ich ihn als Freund. Er rief mich eines Tages an, um mit mir zu reden, weil es ihm sehr schlecht ging. Am Ende des Telefonats verabredeten wir uns für einige Tage danach zu einem persönlichen Gespräch. Im letzten Moment sagte er aber dann den vereinbarten Termin ab, da ihm die Kraft für ein Gespräch fehlte. Einige Tage danach rief ich bei ihm zu Hause an und am darauf folgenden Tag schrieb ich ihm folgenden Brief:

„Lieber A!
Gestern habe ich bei Euch angerufen und mit Deiner Frau gesprochen. Sie hat mir gesagt, Dir geht es noch immer nicht gut. Daher war es mir ein Bedürfnis Dich bei meiner heutigen Morgenmeditation einzuschließen. Ich habe Gott gebeten mir zu zeigen, was ich Dir vermitteln kann. Als Antwort bekam ich den Satz, den Du A. bei unserem letzten Telefonat ausgesprochen hast:
„Es tut mir so leid, dass ich ihm (Deinem Sohn) nicht (mehr) helfen kann."
Ich glaube, Gott will Dir sagen, dass nichts geschieht ohne dass ein Sinn dahinter stecken würde. Wenn Du nun leidest, weil Du Deinem Sohn nicht helfen kannst, machst du gleich zwei Fehler auf einmal.

1. Du leidest darunter und das kostet wahn-sinn-ig viel Kraft. Daher bist Du jetzt kraftlos.

2. Du hast zu wenig Gott-Vertrauen. Bete zu Gott: „Ich lege das Schicksal meines Kindes in DEINE Hände. Zeige DU ihm seinen Weg, wie er DIR gefällt."

Wenn Du Dir diesen Satz verinnerlichst, wirst Du loslassen können und hast nicht mehr eine so schwere Last zu tragen. Womit wir schon wieder dabei sind, wenn Du lange Zeit schwer trägst, musst Du kraftlos und müde werden, deinem Sohn ist aber damit nicht geholfen.
Deinem Sohn wird Gott helfen, wenn Du IHN darum bittest. Nicht mein, sondern DEIN Wille geschehe.
Du sollst nur Gottes Willen annehmen lernen, auch wenn Du gerne etwas anders hättest, als Gott es will.
Außerdem kannst Du Deinem Sohn viel mehr helfen, wenn Du ihm Liebesenergie sendest. Wenn ich das tue, setze oder stelle ich mich so, dass mein Herz in die Richtung des oder der betreffenden Menschen gerichtet ist. Vor vielen Jahren machte ich den Fehler, dass ich Gott bat von meiner Kraft zu geben, bis ich selber nicht mehr konnte. Heute weiß ich, dass ich um Gottes Kraft bitten muss, diese durch mich fließen lasse, bis sie die oder den Menschen erreicht. Ich erfahre damit immer wieder Wunder, welche dadurch geschehen. Die Bitten müssen nur selbst-los sein, sonst funktioniert es nicht. Glaube es mir, ich beobachte das seit vielen, vielen Jahren an mir.

Ich habe das Gefühl, Dein Sohn ist äußerst sensibel, er wird ganz sicher fühlen, wenn Du ihm Liebesenergie sendest. Sie wird ihn frei machen, auch von den Zwängen Dir gegenüber.
A., ich glaube Du brauchst rote Farbe. Rot gibt Kraft und Power. Zum Beispiel: rote Kerzen anzünden, rote Blumen betrachten, etc. Deine Frau hilft Dir ganz sicher dabei. Gott segne Dich, Deine Frau und Deine Kinder! Darum bitte ich IHN."
Diesen Brief mailte ich ihm.

Zufällig, ohne dieses E-Mail gelesen zu haben, rief er zirka zehn Minuten später an, weil ihm seine Frau erzählte, dass er noch am gleichen Tag (es war

Sonntag) zu mir kommen kann. Eine halbe Stunde später saßen wir uns schon gegenüber.
Wir spürten beide die Wirkung des Hl. Geistes. Auf viele seiner Fragen hatte ich eine für ihn annehmbare und durchführbare Erklärung. Es war eine wunderbare Ergänzung seiner eigenen Gedanken und Gefühle.

Einige Jahre später litt mein Bekannter an tiefen Depressionen. Er kam zu mir um Blockaden abzulösen. Gleichzeitig besuchte er regelmäßig aber auch einen Psychotherapeuten. Das ist für meine Arbeit in der Regel kein Problem. Dieses Mal war es aber eines und zwar aus folgendem Grund:
Bei der Blockadenablöse stellte sich heraus, dass ein Sohn meines Bekannten in der –Tschechoslowakei ein Haus geerbt hatte. Er bewohnt es nicht selber, sondern erhält vom Bewohner eine Miete und in Österreich erhält er Sozialhilfe. Einnahmen aus Miete und gleichzeitig Sozialhilfe empfangen, das dürfte nicht sein. Der Vater, also mein Bekannter ist ein sehr gläubiger Mensch, daher hatte er dadurch ein schlechtes Gewissen, so sehr, dass er unter Depressionen litt. Den Eltern fehlte es aber nicht an Geld, die Frau macht Weltreisen, doch der Mann ist dafür zu sparsam. Bei der Ablöse wurde folgender Text ausgetestet: „Zeit in die Öffentlichkeit zu gehen……" Wir sprachen darüber, dass er das nicht hinaustragen muss sondern dass er mit seiner Familie darüber reden sollte. Er sollte seine diesbezüglichen Bedenken nicht bei sich behalten. Mit der ganzen Familie wollte er nicht reden, aber er wird mit seiner Frau darüber sprechen, versicherte er mir. Ich war überzeugt, dass seine Frau Verständnis dafür gehabt hätte und anstatt die Welt zu bereisen, hätte sie ihren Sohn unterstützt, damit wären die Depressionen ihres Mannes verschwunden. Beim nächsten Besuch meines Bekannten, als wir die zweite Sitzung machen sollten, erzählte er was sich inzwischen ereignet hatte. Dem Therapeuten hatte er von der Ablöse und dem Ergebnis

erzählt, der ermunterte ihn, seinen Sohn weiterhin betrügen zu lassen. „Ach, das machen doch viele, warum sollten sie es nicht auch so machen?"
Da dieses das Unterbewusstsein aber als einen wesentlichen Grund für die Depressionen aufzeigte, konnte ich nicht weiter arbeiten.

Ihr Seid das Salz der Erde

Meine schönsten Erlebnisse verdanke ich Zufällen. Ich muss den Bogen weiterspannen, damit sie sehen, wie sich alles zusammengefügt hat.

Gott gibt uns durch seinen Sohn Jesus Christus die Chance, zum Salz der Erde und zum Licht der Welt zu werden. Wir Christen sollten so leben, dass jeder Mensch sehen kann, ein Christ zu sein ist etwas ganz Besonderes. Als Vorbild sollen wir leben. Nachahmungswert für jeden. Das ist gemeint damit, das Licht auf dem Berg nicht mit einem Scheffel zuzudecken.

Jeder Mensch hat die Möglichkeit auf seine Weise ein Körnchen vom Salz der Erde oder ein Funken vom Licht der Welt zu sein oder zu werden. Wie der betende Gaukler, dessen Geschichte ich erzählen möchte.

Es war einmal ein Gaukler, der tanzend und springend von Ort zu Ort zog, bis er des unsteten Lebens müde war. Da gab er alle Habe hin und trat in ein Kloster ein. Aber weil er sein Leben bis dahin mit Springen, Tanzen und Radschlagen zugebracht hatte, war ihm das Leben der Mönche fremd und er wusste weder ein Gebet zu sprechen noch einen Psalter zu singen. So ging er stumm umher und wenn er sah, wie jedermann des Gebetes kundig schien, aus frommen Büchern las und mit im Chor die Messe sang, stand er beschämt dabei. Ach, er allein, er konnte nichts. „Was tu ich hier?" sprach er zu sich, „Ich weiß nicht zu beten und kann mein Wort nicht machen. Ich bin hier unnütz und der Kutte nicht Wert, in die man mich kleidete." In seinem Gram flüchtete er eines Tages, als die Glocke zum Chorgebet rief, in eine abgelegene Kapelle. „Wenn ich schon nicht mit beten kann im Konvent der Mönche", sagte er vor sich hin, „so will ich doch tun, was ich kann".

Rasch streifte er das Mönchsgewand ab und stand da in seinem bunten Röckchen, in dem er als Gaukler umhergezogen war. Und während vom hohen Chor die Psalmgesänge herüber wehen, beginnt er mit Leib und

Seele zu tanzen. Mal geht er auf seinen Händen durch die Kapelle, mal überschlägt er sich in der Luft und springt die kühnsten Tänze, um Gott zu loben. Wie lange auch das Chorgebet der Mönche dauert, er tanzt ununterbrochen, bis ihm der Atem verschlägt und die Glieder ihren Dienst versagen.
Ein Mönch war ihm aber gefolgt und hatte durch ein Fenster seine Tanzsprünge mit angesehen und heimlich den Abt geholt. Am anderen Tag ließ dieser den Bruder zu sich rufen. Der Arme erschrak zutiefst und glaubte, er solle des verpassten Gebetes wegen gestraft werden. Also fiel er vor dem Abt nieder und sprach: „Ich weiß Herr, dass hier meines Bleibens nicht ist. So will ich aus freien Stücken ausziehen und in Geduld die Unrast der Straße wieder ertragen." Doch der Abt neigte sich vor ihm, küsste ihn und bat ihn, für ihn und alle Mönche bei Gott einzustehen: „In deinem Tanz hast du Gott mit Leib und Seele geehrt. Uns aber möge er alle wohlfeilen Worte verzeihen, die über die Lippen kommen, ohne dass unser Herz sie sendet."

Das war meine Meinung bis mich unser Pfarrer bei der Fußwallfahrt belehrte, dass wir das Licht der Welt sind. Nicht sein könnten oder werden, sondern sind.
Ich habe über diese Aussage nachgedacht. Sie ist ja sehr stark und einige Monate vor der Wallfahrt sprach mich dieser Satz bei einer Meditation so stark an, dass mir die Tränen wie ein unaufhaltsamer Fluss aus den Augen rannen. Auch dann noch, als ich vor Entsetzen die Augen aufriss. Vor Entsetzen deshalb, weil ich kleiner Wurm mich angesprochen fühlte, Salz der Erde und Licht der Welt zu sein.
Ich spürte, dass es einen Zusammenhang mit den Landminen/AntiPersonenMinen gab. Also war meine Frage an Gott, ob nicht die Opfer der Minen gemeint sind. Zu sündhaft kam mir der Gedanke vor, mir einzubilden, ich sei das Salz der Erde, oder ein Licht der Welt. Gott hat mich eines anderen belehrt, indem ich ein

Resümee über meine Beteiligung zum Gesetz des Verbotes von Anti-Personen-Minen in Österreich geschrieben habe. Gottes Wille zieht sich wie ein roter Faden durch die ganze Erzählung. Von verschiedenen Organisationen wurde meine Erzählung ins Englische übersetzt und rund um die Welt verbreitet, um Menschen in anderen Ländern Mut zu machen.

Nun das Resümee:
> Wie eine geschnittene Rose

Wie eine geschnittene Rose war mein Weg mit den Anti-Personen-Minen (APM). Der Schnitt erfolgte 1994. Durch Zufall, da ich normalerweise zu dieser Tageszeit nicht fernschaue, sah ich eine Fernsehsendung. Ein deutscher Arzt berichtete aus einem asiatischen Krankenhaus und zeigte einen Film über schwer verwundete Menschen, die durch Minen verletzt wurden. Er erklärte dazu, dass diese Wunden jahrelang nicht heilen, dass man die Operationen jahrelang nicht abschließen kann. Die Splitter dieser heimtückischen Minen seien nämlich aus Plastik und dadurch im Röntgen nicht zu sehen.

Ich war so tief betroffen, dass ich erst einmal bitterlich weinte. Gott fragte ich, warum er mich so machtlos, so hilflos sein lässt. Warum er mir nicht einen Partner schickt, der genauso ist wie ich. Was kann ich allein schon tun? Ich glaube, das werde ich nie mehr sagen, denn jetzt sehe ich erst, wie Gott mir zeigte, dass ich ein Teil seines Werkzeuges sein sollte. Er führte mich auf den Weg mit den APM. Und plötzlich war ich nicht mehr allein.

Ein Mitglied von Pax Christi kam eines Abends und erzählte, er habe sich einen Vortrag in der UNO-City angehört, wo er erfahren hat, dass tonnenweise Personenminen von Flugzeugen abgeworfen werden. Dann hörte ich schon vom Roten Kreuz und UNICEF. Versöhnungsbund und Wiener Friedensbewegung riefen zur Gründung einer Plattform auf. Die österreichische

ANTI-PERSONEN-MINEN-KAMPAGNE wurde ins Leben gerufen.
Es kann nur Gottes Wille gewesen sein, dass ich mich, wie die Dornen es tun, in Konflikten sehr oft verletzen ließ. Man kann darüber lächeln oder es übergehen, wie es manche getan haben. Das verletzte mich noch mehr.

Aber es gab auch Hoffnung, wie die Blätter. Als die Menschen immer mehr wurden, die von den APM schon gehört hatten. Die Woche in Genf bei der Internationalen Friedens-Konferenz. Die Erfahrung mit den Leuten der Internationalen APM-Kampagne. Mein Gespräch mit unserem Gesandten Dr. Ehrlich in Genf, das sich meiner Meinung nach teilweise Monate später im Parlament wiederfand.

Die Kelchblätter waren die Gespräche am Tag vor dem Gesetzesbeschluss mit einigen Abgeordneten zwischen ihren Sitzungen und meiner Meinung: „Jetzt können wir nur noch beten. Ich werde bei der Abendmesse in unserer Pfarre eine Fürbitte sprechen." Mir fehlte jedoch der Mut, sie laut auszusprechen, aber mein Gebet war so inbrünstig, dass ich bei der Eucharistie das Gefühl hatte, meine ganze Seele schreit zum Himmel. Ob sie es tat? Mir wurde, während des Gottesdienstes klar, ich muss nicht beten: „Gott hilf mir, oder hilf den Menschen, die von Minen bedroht werden." Auch nicht, dass er den Heiligen Geist über die Parlamentarierinnen und Parlamentarier senden soll. ER wünscht das totale Verbot der APM. ER hat mich ausgesendet. ER wollte, dass ich etwas tue gegen diese Minen. ER hat die APM nicht erfunden. Wir Menschen waren es und er hat uns den freien Willen gegeben. Ich glaube, ich habe seine Tränen geweint, als ich das erste Mal von diesen Minen hörte.
Doch in der Nacht, es war 10 Minuten vor 12 und dauerte bis ca. 1 Uhr, vom 12. auf den 13. Dezember 1996. Die Rose erblühte! Wie ein Wunder war dieses

Erlebnis im Hohen Haus. Die Abgeordneten, die zu uns auf den Balkon lachten. Die uns durch Kopfnicken ihre Achtung vor unserem Engagement zeigten. Die Aussprachen, dass wir eine kleine Gruppe sind, die wir uns für das totale APM Verbot eingesetzt haben. Das alles hat mich überwältigt. Ich stand mit gefalteten Händen und Tränen in den Augen, weil ich es nicht fassen konnte. Bis einer der Abgeordneten zu mir zum Balkon kam und mir mit den Händen bewusst machte: „Ihr habt es geschafft!" Sprechen durfte er ja nicht mit mir als Zuschauerin.
Dieses Thema wurde erst in der Nacht abgestimmt, zu der Zeit sind keine Zuschauer zugelassen, daher wurden wir anschließend zu einem Hinterausgang gebracht.

Vor Aufregung konnte ich den Rest der Nacht nicht mehr schlafen. Als ich am Morgen doch beim Einschlafen war, weckte mich meine Tochter mit einer Stimme voller Freude „Mama, ich gratuliere!" Wozu? fragte ich. „Im Radio wurde das totale Anti-Personen-Minen-Verbot verkündet."

Im März 1998 habe ich folgenden Artikel für das Infoblatt geschrieben.
    Auch große Freude muss verarbeitet werden.
Viele von Euch wissen, dass ich mich sehr für ein Verbot der Anti-Personen-Minen eingesetzt habe. Manche kennen auch das Resümee, das ich darüber verfasst habe. Da schrieb ich, als ich das erste Mal von diesen Minen hörte, fragte ich: „Was kann ich allein schon tun?"

Nun aber haben wir im vergangenen Dezember den Friedensnobelpreis dafür erhalten. Das heißt, ich bin eine Friedensnobelpreisträgerin damit geworden. Nie mehr werde ich sagen, was kann ich allein schon tun, weil mir das wieder zeigt, wie mächtig Gottes Wille ist und wie stark er Menschen werden lässt, die seinen Willen befolgen.

Ich bin eine von vielen Menschen weltweit (insgesamt 1.200 Personen auf der ganzen Welt vernetzt), die wir uns um diesen Friedensnobelpreis verdient gemacht haben. Mein Beitrag dazu war sicher nicht der kleinste, aber trotzdem habe ich das Gefühl, es ist nicht meine Leistung, sondern ich war nur das Werkzeug Gottes. ER hat mir die richtigen Worte zur rechten Zeit eingegeben. Ich danke IHM dafür und freue mich.

Die Freude, die Dankbarkeit und die Demut waren in den ersten drei Tagen und Nächten, nachdem mir diese Nachricht übermittelt wurde, so stark, dass ich sie kaum bewältigen konnte. Eine so große Freude und Dankbarkeit habe ich in meinem Leben noch nie verspürt. Nicht einmal wie meine Kinder geboren wurden. Ich musste diese übergroße Freude genauso verarbeiten wie eine tiefe Trauer. Schlussendlich hat mir ein Lied dazu verholfen, oder besser ein Satz: „Lautate omnes gentes (lobt alle Völker den Herrn)." Einen ganzen Tag (ich war mit dem Auto unterwegs) sang und summte ich diese Worte und dachte nachher, ich hätte nun meine Gefühle im Griff. Dem war aber nicht so. Als einige Tage danach der Kaplan unserer Pfarre, genau diese Melodie anstimmte, verlor ich die Kontrolle über die Dinge, die in mir vorgingen. Ich weinte unaufhaltsam. Auch die demütige Haltung meines Körpers half nicht mehr, die Tränen zurückzuhalten.

Als auf mein Ersuchen eine Feier von unserer Kampagne stattfand, hatte ich aber die riesengroße Dankbarkeit schon verarbeitet und konnte, ohne mit den Tränen zu kämpfen, darüber reden.

Ich habe über dieses Erlebnis berichtet, um Euch meine Erkenntnis, dass sehr große Freude genau wie eine tiefe Trauer zu verarbeiten ist, mitzuteilen. Außerdem möchte ich Euch Mut machen, anstatt des Satzes, den man ja sehr oft hört und den ich nie mehr sagen werde: „Was kann ich allein schon tun.", etwas zu tun. Gerade bei unserem Einsatz für sterbende und trauernde Menschen stehen wir oft vor einem fast unüberwindlichen Problem. Scheut euch nicht davor, es in unsere Gemeinschaft einzubringen. Gemeinsam haben wir eine geballte Kraft und können auch in der Politik vieles erreichen.

PS 2015:
In Wien waren hauptsächlich der Sekretär der Wiener Friedensbewegung Andreas Pecha, zwei weitere Friedensfreunde und ich bei Großveranstaltungen unterwegs, um Unterschriften zu sammeln. Ich suchte mir nach einiger Zeit kleine Gruppen aus, damit ich gleichzeitig mehrere Menschen ansprechen konnte. Es kannte damals nämlich niemand die APM, also musste ich erklären, was APM sind und was damit angerichtet wird. Nach dem Tod von Lady Diana, die sich auch stark gemacht hatte gegen die APM (was aber bei uns niemand wusste und erst durch ihren Tod publik wurde), hätten wir es leichter gehabt.

Ruhe in Frieden
Durch Zufall las ich kürzlich in einer kirchlichen Zeitung, dass die Begräbnisvorsteher in Zukunft nicht mehr sagen sollen:

RUHE IN FRIEDEN, sondern LEBE IN FRIEDEN.

Das tut mir von Herzen weh, denn nach dem Tod gibt es nicht das Leben, sondern ein „SEIN".

VORAHNUNG

Vorahnung ist, wenn ich etwas fühle oder spüre, das sich in einer Entfernung von mir abspielt, wo ich es nicht sehen oder spüren könnte wahrnehme, bevor es zutrifft.

Vorahnende Wahrnehmungen sind etwas, das ich gelernt habe als die Wahrheit anzunehmen. Oft habe ich dann auch die Beweise dafür. So habe ich z.b. den Tod unter anderen Menschen von Bundespräsident Klestil, Peter Alexander oder vor Kurzem den Tod von Udo Jürgens gefühlt, jeweils kurz bevor es öffentlich war. Als ich mir die Geburtstagsfeier anlässlich des 80. Geburtstages von Udo Jürgens im Fernsehen angesehen habe, ertappte ich mich bei dem Gedanken: „Der stirbt bald." Dann dachte ich: „Weshalb komme ich auf diese Idee, der ist doch kerngesund, was er eben von sich sagte." Ich fühlte, er wird nicht während eines Konzertes sterben, aber er wird fast von einem Moment auf den anderen tot sein. So war es dann auch, denn er starb während eines Spazierganges.

Das ist ja noch etwas, das ich verstehen kann. Weshalb ich die beiden Zunami und die damit verbundenen Katastrophen in Japan wahrgenommen habe, verstehe ich nicht.

Einige Jahre vor dem Zunami in Japan gab es in einem Urlaubsland einen Zunami. Als ich 2005 gelesen habe, dass viele Europäer zum Gedenken an die Opfer zu den Unglücksgebieten flogen, schrieb ich nächsten Artikel im Infoblatt der Arbeitsgemeinschaft Haus des Friedens.

Gedenken an die Zunami-Opfer

Ich glaube, es ist richtig und heilend, per Flugzeug an den Platz zu fliegen, wo man einen nahen Angehörigen oder Freund bzw. Freundin verloren hat. Wo die Seele den Weg in die Herrlichkeit Gottes angetreten hat.
Aber was war es, was den Zunami ausgelöst hat? Ich will Ihnen meine Meinung darlegen, auch wenn es für Sie fremd klingt.
Einige Wochen vor dem Zunami, fühlte ich dreimal, dass eine riesengroße Katastrophe kommen wird. Beim ersten Mal hatte ich die Wahrnehmung, es hätte etwas mit Erdbeben und Wasser zu tun. Damals konnte ich mir nicht erklären wie Wasser und Erdbeben zusammenhängen. Beim nächsten Mal brachte ich die Wahrnehmung mit der Aushöhlung unseres Planeten Erde durch die Erdöl- und Gasgewinnung in Zusammenhang. Beim dritten Mal, hatte ich das Gefühl, es bedeute den Weltuntergang.

So, nun denken Sie mit mir darüber nach. Immer wieder hören wir von spirituellen Menschen, dass wir mit unserer Erde anders umgehen müssen. Man sagt uns, dass wir umkehren müssen. Was heißt das? 1995/96 habe ich einen Lehrgang „Ausbildung zur Moderatorin" mit dem Schwerpunkt „Nachhaltigkeit" absolviert. Bei den Arbeiten damit habe ich sehr viel Einsicht bekommen, wie sehr wir die Erde nachhaltig ausbeuten. Wir entnehmen der Erde viel mehr, als sie nachbringen kann. Wenn wir für unsere Enkel und Urenkel noch eine lebenswerte Welt erhalten wollen, müssen wir umkehren, unser Leben anders gestalten. Es muss gar nicht in großen Schritten sein. Schon kleine Schritte bringen Erfolg.
Damit bin ich wieder beim Zunami angelangt. Als ich nach dem Zunami zu meiner Tochter äußerte, dass es doch kein Weltuntergang war, erzählte sie mir, dass die Erdachse durch den Zunami verschoben wurde und dass sich der Wasserspiegel gesenkt hätte. Da frage ich

mich, hat das nicht doch mit dem Konsum von Erdöl und Erdgas zu tun? Bergwerke, welche nicht so viel Erdverdrängung durch den Abbau verursachen stürzen ein. Da muss es doch einmal auch durch das überdimensionale Absaugen des Erdöles dazu kommen.
„Können wir das denn ändern?", werden Sie jetzt fragen. Wir können!
Es fängt schon beim Verbrauch von Wasch- und Putzmittel an, welche wir verwenden. Ob sie abbaubar sind oder das Abwasser vergiften.

Ich fahre viel weniger mit dem Auto, als vor meinem Wissen durch die Ausbildung zur Moderatorin. Flugzeug-Reisen vermeide ich. Ich verbiete sie mir nicht, doch ich schränke sie sehr ein. Daher war ich durch die vielen Flüge des verstorbenen Papst Pauls, immer sehr enttäuscht. Er sagte nämlich, die Schwangerschafts-verhütung (nicht Abbruch- das ist auch meiner Meinung nach Tötung) sei ein Eingriff in die Schöpfung. Ihm aber hat Gott keine Flügel wachsen lassen, trotzdem flog er über hundertmal in der Weltgeschichte umher. Dabei wissen wir inzwischen alle, nicht nur ich, wie viel Schaden Flugzeuge mit ihrem hohen Spritverbrauch anrichten. Wie sehr die Meere durch Tankunfälle und Bohrinseln verseucht sind und noch weiter werden.
Ich will damit nicht richten, sondern darauf aufmerksam machen.

Zunami zerstört Atomkraftwerk

Ich war an einem Nachmittag völlig erschöpft, weil ich eine Webseite ins Internet stellen wollte und es mir nicht gelungen ist. Die Erschöpfung war so groß, dass ich mich hinlegen musste. Da fühlte ich plötzlich ein intensives Erdbeben das viele Nachbeben hatte, dabei hatte ich riesige Angst, Panik und grausige Übelkeit. Meine Wahrnehmungen waren: „Erdbeben - das ist mit Wasser verbunden - schreckliches Ausmaß - Japan." Ich konnte es mir nicht erklären und schob es weg - ich wollte nichts davon wissen. Dann bin ich eingeschlafen und habe eine Stunde geschlafen. Vorher aber, als ich die Webseite ausgearbeitet habe, habe ich einen Link bearbeitet, den ich Wahre Werte nannte. Dafür habe ich folgenden (nächste Seite) Artikel aus 1999 verwendet und dachte dabei: „Heute trifft die Warnung und der Aufruf noch mehr zu als 1999." Seit ich 1999 den Artikel für die Kundgebung: „Nie wieder Hiroshima" geschrieben habe, habe ich ihn nicht mehr gelesen, doch an diesem Nachmittag fiel er mir in die Hände.

Nie wieder Hiroshima
(Kundgebung 1999)

Ich bin der Meinung dass wir geboren werden, um wieder sterben zu dürfen. Das heißt für mich, dass wir ein gottgefälliges Leben führen müssen, um nach dem Tod das Paradies und den unendlichen Frieden erfahren zu können. Zum gottgefälligen Leben gehört es, das glaube ich, alles daran zu setzen um alle Geschöpfe und die Natur zu erhalten, zu pflegen und zu schützen.

Atombomben, genauso wie die Atomreaktoren sind Waffen und Werkzeug, die das genaue Gegenteil verursachen.

Nichts bringt nachhaltig so viel Leid und Schmerz über die Menschheit, als Atomwaffen. Aber auch Atomkraftwerke, die zwar nicht mit Aggression verbunden sind, aber da lautlos und die radioaktiven Strahlen unsichtbar, vielleicht sogar noch gefährlicher für die ganze Welt.

Noch haben wir Luft zum Atmen, aber wie wird es werden, wenn wir jetzt kein Ende damit machen? Wie sollen unsere Nachkommen weiter leben? Was antworten wir ihnen, wenn uns unsere Kinder, Enkelkinder oder Urenkel fragen: „Warum hast DU das zugelassen?"

Schöpfen wir wirklich alle unsere Möglichkeiten aus, um unseren Kindern ein menschenwürdiges Leben zu sichern?

Verlieren wir durch das zurzeit bei uns in Österreich so unterhaltsame und erlebnisreiche Leben, den Überblick für ein sinnvolles Leben?

Wir müssten unsere Lebenseinstellung grundlegend ändern. Wir müssen aufwachen von unserer Lethargie und unserer Gleichgültigkeit! Wir schlafen nämlich nicht den Schlaf der Gerechten und wenn wir nichts tun, wird es ein schlimmes Erwachen.

Wir müssen lautstark gegen Atombomben und Atomkraftwerke eintreten. Es liegt in unserer Macht, das zu tun. Bitte sehen sie nicht OHN-MÄCHTIG zu, was unbedachte und unverantwortliche Menschen uns aufzwingen. Nie wieder Hiroshima! ist seit meiner Jugend ein Leitsatz für mich. In tiefer Trauer muss ich diesen Satz erweitern: „Weg mit allen Atomwaffen und Atomreaktoren." Wir können es uns nicht leisten, um unserer selbst und vor allem um unserer Kinder wegen, still zu sein.
In Demut vor der Schöpfung Gottes .

Bitte denken sie darüber nach, vielleicht macht es Ihnen Mut, tatkräftig gegen den Wahnsinn der Mächtigen aufzutreten.

EINFÜHLUNGSVERMÖGEN

Mit anderen Augen
Eine Situation aus der Sicht eines anderen sehen, mit seinen Augen betrachten. Das kann man sogar aus der Sicht der Tiere oder Pflanzen.
Meine Tochter hat mir von einem wunderbaren Erlebnis erzählt. Sie war mit einigen Freundinnen und Freunden bei einem Festival. Die jungen Leute hatten ihren Lagerplatz in der Nähe eines kleinen Wäldchens aufgeschlagen. Als sie ein Lagerfeuer machen wollten, ging ein junger Mann nach dem anderen Holz sammeln. Jeder von ihnen kam aber ohne Holz zurück, weil sie keines gefunden hatten. Also machten sich die Mädchen auf die Suche. Außer meiner Tochter hat aber auch kein Mädchen Brennholz gefunden. Meine Tochter, die ein sehr spiritueller Mensch ist, stellte sich zum Waldrand und stellte folgende Frage: „Wo würde ich liegen, wenn ich ein abgebrochener Ast dieser Bäume wäre?" Sie ging zu der wahrgenommenen Stelle. Was lag da? Äste, die groß genug waren, um das Abendessen der ganzen Gruppe zu sichern.
Dafür muss ein kritischer Geist entwickelt werden, der die Intelligenz anregt. Meine Tochter ist sehr einfühlsam und lebt die Spiritualität auch schon seit ihrer Kindheit.

Beim Ablösen von Blockaden im Unterbewusstsein wird oft ein Text ausgetestet der besagt, dass man ein wertschätzendes Eingestimmtsein und eine Sensibilisierung des eigenen Selbst für andere, deren Überzeugung und Bedürfnisse entwickeln soll, damit es uns gut geht. Dieser Text bedeutet, wenn ich fühle, was der Andere braucht, kann ich mich darauf einstellen und dadurch geht es mir selber gut. Das heißt wiederum, wenn ich fühle, dass mich ein Mensch verletzt, weil er zu wenig Selbstbewusstsein hat, fühle ich mich nicht mehr verletzt, sondern habe Mitgefühl für ihn, aber kein

Mitleid. Mitleid würde bedeuten, dass ich leide und das wäre auch nicht im Sinne unseres „Auftraggebers".

Ein anderes Beispiel:
Wenn ein Kaufmann spürt was sein Kunde sucht, weiß er, was er dem Kunden anbieten soll um einen Verkauf tätigen zu können. Somit hat er zweifachen Erfolg, einmal psychisch und einmal finanziell.

Wir können nicht damit beginnen, bereits vollkommen zu sein, sondern wir müssen mit irgendetwas anfangen, dann entwickelt sich allmählich das wahre, instinktive Gefühl. Dafür darf man sich nicht abhängig von einer anderen Person machen, wie zum Beispiel einem Guru oder einem sogenannten Meister oder Lehrer. Das heißt nicht, dass man keine Hilfe annehmen darf. Abhängig darf man nicht werden, weil man dadurch wieder unfrei wird.
Wir können diese Wahrnehmungen oft nicht mit Worten erklären oder genau beschreiben. Aber daraus erwächst Weisheit.

Gegenverkehr bei Gefühlen

Ich fühlte mich in ihn hinein, meistens spürte ich, was er gerne aussprechen würde, denn er nickte zu dem, was ich aussprach. In meinem Leben habe ich mich oft in einen anderen Menschen hinein gefühlt, ich habe versucht „in seinen Schuhen zu gehen" oder „mit seinen Augen zu sehen", um ihn besser verstehen zu können. Deshalb spürte ich manches Mal den Schmerz anderer, was des Öfteren in mir Depressionen hervorgerufen hat. Erst seit mir das vor zirka 25 Jahren bewusst wurde, schütze ich mich nach Möglichkeit davor. Dass ich aber auch den anderen vor meinen Gefühlen schützen muss, erlebte ich erst vor einigen Jahren.

Ich wurde bei meinen eigenen Gedanken und Gefühlen ertappt von einem Mann, den ich bei einem Zusammenbruch, den er während eines Gottesdienstes erlitten hatte, „begleitete" bis die Rettung kam.

Ich selber wünschte mir für einen Augenblick, so zu sterben: „Während des Gottesdienstes im Kreise von Familie, Freunden und Bekannten." In diesem Moment öffnete dieser Mann die Augen und sah mich fragend an. Ich wollte ihm erklären, dass nicht er, sondern ich gemeint war, doch mir versagte die Stimme. Es war ein Fehler, den ein Begleiter nicht machen sollte.

Den berühmtesten und selbstverständlichsten „Gegenverkehr von Gefühlen" gibt es zwischen Liebenden.

Kommunikation mit Tieren

Ich habe die Erfahrung gemacht, dass man auch mit Tieren bewusst telepathisch kommunizieren kann. Franz von Assisi ist das berühmteste Beispiel dafür.

Manchmal muss ich lachen, wenn eine Fliege beim Fenster herein kommt und ich ihr „befehle" wieder hinaus zu fliegen. Am Stand dreht sie um und fliegt hinaus. Ich muss ihr aber in Gedanken den Weg weisen.

Inzwischen mache ich es mit Gelsen/Mücken und Ameisen.

Meine ältere Tochter war noch ein Kind, da hatte ihr ein Freund der Familie einen Goldhamster mit Käfig gekauft. Nachdem ich aber kein Tier in einem kleinen Käfig einsperren wollte, gehörte die damals 90 m^2 Wohnung ihm. Anfangs war es für mich ungewohnt, überhaupt seine Nachtaktivität. Als er mir das erste Mal in der Nacht über mein Gesicht lief, schrie ich wie am Spieß. Er tat es nicht mehr und ich hätte mich auch nicht mehr geschreckt. Wir nannten in Purzel und bald hörte er auf uns, wenn wir seinen Namen riefen. Er setzte sich in unsere Hand und war ganz zutraulich. Als wir lebhaft über ihn erzählten, meinte meine Mutter einmal: „Schade, dass so ein kleines Tier nicht denken kann." Zwei Wochen später hatten wir folgendes Erlebnis mit ihm, das mir zeigt, dass so ein kleines Tier sehr gut denken kann und dass er wahrscheinlich auch telepathisch mit mir verbunden war.

Als ich in der Früh ins Wohnzimmer kam, hörte ich in der Küche ein eigenartiges Kratzen. Ich ging dem nach, weil ich wusste, dass Purzel irgendwo ist und von da nicht mehr heraus kann, daher meldete er sich mit dem Kratzen. Er war in die Waschmaschine gefallen. Aber nicht in die Trommel, sondern in den Innenraum. Die Waschmaschine war von oben zu befüllen und auch der

Wasserschlauch kam oben durch ein Loch aus der Maschine. Das Loch war sehr eng, trotzdem musste sich Purzel zwischen Metall und dem Schlauch durchgedrückt haben und dann in der Waschmaschine hinuntergefallen sein. Bevor wir einen Techniker für die Waschmaschine holten, probierte ich ein Experiment, das auch gelungen ist.

Ich bog einen Drahtkleiderbügel auf, sodass unten der Bogen, den ich schmal zusammendrückte, war. Ich führte ihn in den Waschmaschinenraum bis zum Boden. Dann wiederholte ich immer wieder: „Purzel, halt dich an. Purzel halt dich an. Purzel ...." Er tat es wirklich. So lange, bis ich seinen Kopf beim Loch für den Schlauch sehen konnte. Dann zog ich ihn sanft mit dem Kopf in meiner Hand heraus. Es war immerhin etwa sechzig oder siebzig Zentimeter, den ich ihn mit dem Kleiderbügel hochgezogen habe. Meine immerwährende Aufforderung sich anzuhalten konnte er sicher nicht verstehen. Er konnte meinen Ton verstehen und wahrscheinlich telepathisch das wahrnehmen, was ich ihm empfohlen habe. Und da meinte meine Mutter, ein so kleines Hirn kann nicht denken.
Weshalb ich keinen Goldhamster habe? Sie leben nur ca. zwei Jahre. Zwei Mal hatte ich einen und jeder ist wesentlich älter geworden, wie es sonst Goldhamster werden. Wahrscheinlich, weil sie ihren Freiraum hatten und glücklich waren. Ihr Tod bzw. der Abschied hat mich jedes Mal traurig gemacht und das will ich mir nicht mehr alle 3 Jahre (so alt wurde jeder der beiden), antun.

Apropo Stimme

Bei der Reflexion eines Buches, das ich von der Supervisions-Tagung mitgebracht habe, dachte ich über eines meiner Lieblingsthemen: „Der Klang der Stimme" nach. Immer wieder staunen Teilnehmer, mit denen ich Gespräche führe, was man mit dem Klang der Stimme alles bewirken kann.

So fing es an: Als junges Mädchen schlief ich in einem Zimmer nahe den Schweineställen. Oft habe ich gehört wie die Mutterschweine, die man Sau oder Zucht nennt, ihre Jungen „lockten". Manches Mal wusste ich allerdings nicht, ob es ein Mutterschwein war oder mein Vater, so naturgetreu hat es mein Vater nachmachen können. Ich fragte ihn einmal, warum er das tut. Er erklärte und zeigte es mir. Wenn das Schwein diese lockenden Töne gibt, wird der Milchfluss angeregt und die Jungen bekommen mehr Milch. Durch das Locken meines Vaters haben die Zuchtsauen wettgeeifert und so erhielten die Kleinen mehr Milch und wurden daher auch kräftiger. Meinen Vater habe ich dafür sehr oft bewundert.

Ich begann damals, bewusster mit der Stimme zu leben. Das heißt nicht mit meiner Stimme, die hat sich durch ein Schock-Erlebnis selbständig gemacht und will nicht mehr richtig gehorchen, aber mit dem Ton in meiner Stimme.

Mensch und Tier können durch den Klang der Stimme wahrnehmen, was wir sagen und ausdrücken wollen. Ja, sogar die Pflanzen. Manche Bauern lassen ihren Kühen Musik hören, da sie merkten, dass ihre Kühe dadurch mehr Milch geben. Ich kann mir das schon vorstellen.

Für mich ist es nicht befremdend, dass sich Franz von Assisi mit Tieren unterhalten hat. Einmal hatte eine Freundin meiner Tochter ihr Meerschweinchen mitgebracht. Im Nebenraum hörte ich wie meine Tochter sagte: „Zeige dein Meerschweinderl meiner Mutter. Du brauchst keine Angst zu haben, meine Mutter kann gut mit Tieren umgehen." Damit machte sie mir ein großes Kompliment.

So ist es auch mit Babys, welche ja den Sinn oder die Aussage unserer Worte noch nicht verstehen. Es gab noch kein Baby, das sich nicht von mir trösten ließ. Manche Mütter sagen mir, dass sich ihr Baby oder Kleinkind von keinem fremden Menschen trösten lasse, außer von mir. Das zu hören, tut mir immer gut, doch es ist nicht meine Leistung, sondern die meines Vaters.

Manches Mal sind es wahre Wunder, die ich durch die Stimme erlebe. So ein Wunder habe ich mit „Frau Maria" erlebt. In meinem Buch: „Ich helfe Dir die Trauer zu lindern" habe ich darüber geschrieben.

Kommunikation mit Pflanzen

Von manchen Menschen sagt man, sie hätten einen grünen Daumen, weil ihre Pflanzen wunderbar wachsen, blühen und gedeihen. Andere wiederum sprechen mit ihren Pflanzen und sind überzeugt, dass sie von den Pflanzen verstanden werden.

Ich wusste zwar, dass die meisten Pflanzen der Sonne entgegenwachsen, das trifft sehr auffällig bei den Sonnenblumen zu. Die drehen ihre Köpfe von der Morgensonne bis zur Abendsonne. Schnittblumen drehen sich zum Mond.

Bevor in unserem Haus eine Totalsanierung durchgeführt wurde, hatten wir am Gang Fenster. Bei einem der Fenster hatte ich im Winter die Blumen der Fensterkisterl stehen. Manche Pelargonien blühten den ganzen Winter über, da es am Gang nicht gefroren hatte.

Mein damaliger Nachbar erzählte mir einmal, dass er des Öfteren beobachtet, wenn ich nach Hause komme und bei meinen Blumen vorbeigehe, drehen sie mir ihre Köpfe nach. Ich dachte, er wollte mir etwas Liebes sagen, als Danke, weil ich ihn und seine Frau die taub war, öfter tröstete. Heute weiß ich, dass das wirklich möglich ist. Die Blumen schwitzen auch, was mich nicht sehr freut, da dadurch die Fenster schlecht sauber werden.

In der schlimmsten Zeit meines Lebens hatte ich ein Erlebnis, worüber ich später schrieb:

Die Birke

Es ist schon sehr lange her, als ich zu meiner Mutter sagte: „Ich komme mir vor wie eine Birke. Die Stürme drücken sie nieder bis zum Boden, doch sie erhebt sich wieder. Dann kommt ein starker Wind und zwingt sie wieder nieder und sie erhebt sich abermals."

So begab es sich, dass ich Jahre danach im Besitz eines großen ungemütlichen Hauses mit noch größerem Garten war. In diesem riesengroßen (dreitausend Quadratmeter) Garten stand, in Steine verwurzelt, eine kleine Birke. Lange Zeit beobachtete ich sie, weil sie nicht wuchs. Ich hegte und pflegte sie. Ich sprach auch mit ihr und vertraute ihr meine geheimsten Gedanken an. Auf einmal fing sie an, zu wachsen und wuchs sogar sehr freudig. Aber es kam der Tag, da ich dieses unfreundliche Haus mit riesengroßem Garten verlassen musste. Nur ca. 200 Meter entfernt, zog ich in ein anderes Haus mit freundlichen Fenstern und kleinem Garten ein. Ich wollte die Birke nicht im Stich lassen. Ich wusste, die Menschen, die nach mir kommen würden, hätten die Birke gerodet. Es war dann auch so, dass die restlichen Bäume alle fällt wurden. Also musste ich die kleine Birke mitnehmen. Einen Strick an dem einen Ende an das Bäumchen, am anderen Ende an das Auto gebunden, so zog ich es langsam aus den Steinen. Obwohl ich vorsichtig ans Werk ging, blieb keine Erde an ihr. Sie war total entwurzelt. Genau wie mir, wurde ihr der Boden weggenommen.
Ich hob ein Loch in meinem neuen Garten aus, schlemmte die Wurzeln des Bäumchens fest ein und bat es, genauso wie ich, den Mut nicht zu verlieren. Wieder Fuß fassen, stark sein und den Stürmen des Lebens trotzen. Ich goss es fleißig und streichelte die Blätter der kleinen Birke. Ich hatte jedoch das Gefühl, dass sie immer müder wurde und schwächer. Mir ging es zu dieser Zeit genau so, aber ich durfte mich nicht unterkriegen lassen.

All mein bitten, flehen, singen, beten, ja sogar mit schelten habe ich es versucht, das Bäumchen am Leben zu erhalten, half nichts.

Mein Bäumchen starb und lies mich allein. Kurze Zeit danach starb auch ich fast eines doppelten Todes. Erst seelisch, dann auch noch körperlich durch einen Herzstillstand bei einem Unfall. Nur, ich hatte zwei Kinder die mich brauchten. Die kleine Birke hatte keine Kinder, also ist sie gestorben. Ich aber musste leben und bin noch sehr glücklich geworden. Glücklicher als je zuvor.

Meine Birke werde ich nicht vergessen, denn tot ist wirklich nur, wer vergessen ist. Ob meine Birke starb, weil ich bald danach wieder in meine Heimatstadt Wien übersiedelte und sie nicht mitnehmen hätte können?

Bevor ich Wien verlassen hatte, sind meine Blumenpflanzen nicht gut gediehen. Nur ein Gummibaum, den ich zur Geburt meiner jüngeren Tochter geschenkt bekam, existiert noch und das seit fast fünfunddreißig Jahren. Seit ich wieder in Wien zurück bin, wachsen und gedeihen die Pflanzen bei mir wunderbar. Das ging so weit, dass ich sogar zwei Wildrosensträucher in eine große Blumenwanne pflanzte und die blühten jedes Jahr den ganzen Sommer über. Wegen der Haussanierung mussten alle Fensterkisterl und –Kisten entfernt werden, daher schenkte ich meine Wildrosen meiner Tochter für den Balkon.

DEJA VUE

Möglichkeiten eines Deja Vue
Für ein Deja Vue gibt es verschiedene Möglichkeiten.
Aus dem Internet, Wikipedia:
1. *Als Deja Vue (frz. „schon gesehen"), Erinnerungstäuschung, Bekanntheitstäuschung oder Fausse reconnaissance (frz. „falsches Wiedererkennen")*
Déjà-vécu-Erlebnis (frz. „schon erlebt") –
bezeichnet man ein psychologisches Phänomen *(psychopathologische Bezeichnung:*
qualitative Gedächtnisstörung), das sich in dem Gefühl äußert, eine neue Situation schon einmal erlebt, gesehen oder geträumt zu haben.
So steht es im Wikipedia
2. Manche Menschen fragen sich aber: „War ich schon einmal in einem vorherigen Leben hier?"
Wir schauen der Ursache auf den Grund.

Als weitere Möglichkeiten kann ich mir Telepathie oder Wahrnehmungen vorstellen.
Deja Vue könnte demnach in diese Richtung fallen: Wir bekamen ein Bild als Vision oder Wahrnehmung, die wir nicht für „wahr" genommen haben, nicht einmal beachtet haben.
Sozusagen eine Vorausschau, die wir damals nicht als solche erkannten, weil wir keinen Vergleich hatten. Jetzt in diesem Moment - wo wir etwas sehen oder erleben und glauben, es schon einmal gesehen oder erlebt zu haben, haben wir aber den Vergleich und wissen, wir haben das schon einmal gesehen bzw. erlebt.
Es kann auch ein Traum gewesen sein, den wir nicht im Bewusstsein behalten haben.

CHANNELING

Man kann Wissen auch durch channeln mit Meistern, Heiligen, Engel usw. erfahren.
Das ist meiner Meinung differenziert von der Akasha Chronik - so, wie ich glaube, dass die Seelen der Verstorbenen noch viele, viele Jahre „erdnah existieren".

Claire Avalon schreibt in: „Channeling – Medien als Botschafter des Lichts": *Das Medium muss lernen, und das ist ein absolutes Muss, die Energien zu unterscheiden. Es lernt sich einzustimmen auf die Energie, Lichtkanäle zu bauen zu den hohen Ebenen, die Energie zu sehen, zu fühlen und zu riechen, je nach Form der Hellsichtigkeit."*

Für mich gechannelt

Monatlich einmal besuche ich eine Gruppe, die sich mit alternativen Heilmethoden und anderen Techniken für Heilung befassen. Es werden von den Organisatorinnen immer Referentinnen und Referenten eingeladen, die uns verschiedene Methoden vermitteln. So kommt regelmäßig eine Frau die mit verschiedenen Engeln und Meistern channelt.
Als ich das erste Mal dabei war, kannte sie mich überhaupt nicht. Ich stellte keine Fragen, aber sie sagte mir unaufgefordert, ich sei eine kleine Mutter Theresa und noch einiges mehr von vorzüglichen Charaktereigenschaften. Ich war darauf nicht vorbereitet und musste mich bemühen, um nicht zu weinen, weil ich davon so berührt war.
Kurz nachdem Papst Franziskus im Amt war, bekam ich auf die Frage: „Wird sich durch den neuen Papst mein Herzenswunsch erfüllen?" folgende Antwort: „Ja, aber es wird dauern." An diesem Abend gab ich ihr meine Visitenkarte und lud sie zur kostenlosen Blockaden-ablöse ein, da ihre Finger sehr stark verformt sind. Es könnten ja Blockaden dahinter stehen, wenn wir diese

ablösen würde sich dadurch vielleicht die Krankheit bessern.
Sie kam zwar nicht zu mir, aber sie dürfte sich meine Website angesehen haben und dadurch etwas über mich erfahren haben.
Vor einigen Monaten channelte sie nämlich wieder. Dieses Mal hatte ich wieder keine Frage gestellt, doch sie sagte mir: „Du hast Probleme mit dem Tod und leidest sehr darunter." Da konnte ich ihr nicht recht geben, denn es ist überhaupt nicht richtig. Im Gegenteil, weil ich keine Probleme damit habe, kann ich Sterbenden die Angst davor nehmen und Trauernde trösten.

SCHAMANISCHE REISEN

Ich schätze die Arbeit mit schamanischen Methoden sehr, aber mit der arbeite ich weniger, da manche Menschen eine Aversion dagegen haben. Die Bekannteste ist sicher „die schamanische Reise".

Was ist Schamanin oder Schamane?
Aus Wikipedia:
„Eine Person, die in Ekstase Verbindung mit Geistern und den Seelen Verstorbener aufnimmt, um etwas zum Wohle der Gemeinschaft zu bewirken, zum Beispiel Heilung von Kranken, Abwendung von Unglücksfällen, Glück bei der Jagd.
Herkunft:
von tungusisch gleichbedeutend „šaman" entlehnt, das auf sanskrit „śramaná" „Bettelmönch" zurückgeht.
Beispiele:
Der eingängige Rhythmus der Trommel hilft dem Schamanen, sich in Trance zu versetzen und spielt bei allen Ritualen eine wesentliche Rolle. Stirbt ein Schamane, wird seine Trommel zer-schnitten oder zerstört, damit er sich von der Erde verabschieden kann.
„Alle Beschwörungen, die Orwo kannte, bestanden aus fremden, dem Korjakischen, der Eskimosprache oder gar dem Ewenkischen entlehnten Worten, die kein gewöhnlicher Mensch verstand, auch wenn sie ihm gehörten oder ihm von einem Schamanen verliehen worden waren." „Schamanen sollten die gesamte wahrnehmbare Welt deuten."
„Der Priester als Mittler zwischen Mensch und göttlicher Welt findet sich auch heute noch bei Kulturen mit Ackerbau und Viehzucht (zu denen die Kelten gehörten), während der Schamane bei den Jägern, Sammlern und Hirtennomaden anzutreffen ist."

Schamanische Reisen oder Erlerntes?

Es heißt, dass man von Geistreisen wie die Schamanen sie machen, großes Wissen mitbringt, dass man dadurch weise wird.
Ich habe solche Reisen in meiner Jugend gemacht, daher wusste ich oft nicht, woher ich Dieses oder Jenes kannte oder wusste. Es geht mir auch noch jetzt oft so.

Damals hätte es auch Erlerntes aus den Lehrbüchern die mir unser Schuldirektor und der Pfarrer gebracht hatten, da mir mein Vater ein Studium verweigerte, sein können. Ich habe die Bücher verschlungen. Nachts musste ich mit der Taschenlampe unter der Bettdecke lesen, damit die Eltern nicht den Lichtschein unter der Tür sehen konnten.

Als ich einmal gelesen habe, dass es sein könnte, wenn man während einer schamanischen Reise erschrickt, dass der Geist nicht mehr in den Körper zurück kommen kann, habe ich aus Angst davor viele Jahre keine gemacht. Sollte das sein, wäre man wahrscheinlich geistesgestört. Inzwischen habe ich gelernt, wie ich meinen Geist oder den Geist anderer Menschen wieder heil zurück bringen kann. Ich begleite bzw. führe bei schamanischen Reisen manche Klienten oder bei Seminaren in die „Anderswelt", wie man das nennt. Führen nur dann, wenn sich jemand zu lange in einer schlechten Situation befindet oder wenn er den Weg zurück verloren hat.

Birnbaum ohne Krone

Eine Frau deren Mann, kurz bevor sie zu mir um Hilfe kam, plötzlich verstorben ist, wollte wissen wie es ihm im Jenseits geht. Das heißt, sie wollte in Wirklichkeit ihre Schuldgefühle ablegen. Der Grund dafür war folgendes. Ihr Mann war immer derjenige, der alles in ihrer Ehe bestimmte. Wenn er sprach war es seine Wohnung, sein Auto, sein Geld, obwohl auch sie ihren Gehalt einbrachte. Er traf auch immer Entscheidungen, ohne sich mit ihr abzusprechen. Sie fühlte sich dadurch sehr oft verletzt. Etwa ein Jahr vor seinem Tod hatte sie von ihrer Tante geerbt. Mit diesem Erbe kaufte sie ein Häuschen an einem See. Sie wusste zwar, dass er solches gerne hätte, hat aber trotzdem nicht mit ihm darüber gesprochen, weil sie ihm zeigen wollte, wie es ihr mit seinem Verhalten in all den Jahren erging. Das passte ihm gar nicht, aber er konnte es nicht ändern.
Nun befürchtete sie, dass sie sich durch dieses Verhalten an ihm schuldig gemacht haben könnte.

Sie machte eine schamanische Reise, bei der sie zu einem Haus kam, in dessen Garten ein Birnbaum stand. Der Baum war stark, gesund, blühte und trug gleichzeitig Früchte. Nur der Wipfel war dürr, abgestorben. Ihr wurde dadurch bewusst, dass es ihm gut geht, aber die Krone, seine Überheblichkeit hatte sie gestutzt. Nachdem der Baum Blüten und Birnen hervorbrachte, war es für sie sogar eine Bestätigung, dass sie ihm durch ihr Verhalten im Jenseits sogar zum Frieden verholfen hat. Es hätte ja auch ein anderer Baum sein können, aber die Birnen verglich sie mit seiner Kopflastigkeit. Man sagt doch oft: „Du hast nichts in der Birne", wenn der Kopf gemeint ist.

Die Blüten dagegen werden mit Harmonie, Ruhe und Frieden verbunden.

TRÄUME

*Im Schlaf und Traum
verriet und zeigte meine Seele,
was in meinem Herzen war,
zeigte es in deutlichen Bildern,
der Wahrheit getreu
und in prophetischer Form.*

Dostojewski

Träume kommen aus der Akasha Chronik. Wir sehen oft Bilder und Menschen, die wir noch nie mit unseren eigenen Augen gesehen haben.

Es heißt zum Einen, dass wir mit den Träumen den Alltag aufarbeiten, aber Träume zeigen uns sehr oft etwas - warnen uns, lehren uns, weisen uns auf etwas hin.

Schon im Alten Testament wird immer wieder über Träume und deren Auslegung beziehungsweise Deutung geschrieben. Denken Sie zum Beispiel an Joseph von Ägypten - mit den sieben guten und den sieben schlechten Ernten.

Oder:

Josef, der Ziehvater von Jesus träumte, dass er mit Jesus und Maria flüchten sollte. Wie sehr sich der Traum bewahrheitet hat und wie gut es war, dass Josef den Traum ernst genommen hat, kennen wir aus dem Neuen Testament.

Träume helfen uns oft, Entscheidungen zu treffen.

Wenn Babys träumen

Wenn Babys beim Schlafen lächeln, sagt man: „Sie spielen mit Engeln!" Ich denke der Spruch kam daher, weil man der Meinung war, dass Babys noch keine eigenen Erlebnisse haben können, von denen sie träumen könnten. Das könnte eventuell auf Neugeborene zutreffen. Als meine jüngere Tochter geboren wurde, hatte ich sie von der ersten Stunde ihrer Geburt an bei meinem Bett. Ich war damals erstaunt, weil sie da schon lächelte.

Bei der Geburt meiner älteren Tochter war es anders. Sie wurde, nachdem ich sie in diesem Leben begrüßt hatte, in das Babyzimmer gebracht und ich bekam sie nur „zum Stillen". Ihr Lächeln fiel mir erst zu Hause auf, aber da hatte sie sicher schon einige erfreuliche Wahrnehmungen, zum Beispiel „satt zu werden".

Kürzlich war meine Tochter Patin des ersten Kindes einer Freundin und hat seither öfter das Baby bei sich. Drei Monate ist dieser kleine Kerl und lacht sehr viel, auch beim Schlafen. Aber dieser lebhafte Junge ist so was von interessiert an seiner Umgebung und an den Bildern von Büchern, dass ich nur so staunte. Ich kann mir vorstellen, dass er schon einige freudige Träume hat, welche ihm ein Lächeln im Schlaf entlocken.

Ich möchte noch kurz auf die Haltung beim Wachwerden aufmerksam machen. Wachen Sie mit den Händen „zu Fäusten geballt" auf? Oder „beißen Sie die Zähne zusammen"? Liegen Sie gestreckt oder wie zu einem Embryo gerollt? Wachen Sie mit einer Panik auf oder mit einem Glücksgefühl? Beobachten Sie sich beim Aufwachen und Sie werden einiges über Ihren Gemütszustand erfahren.

Bei den Trauergesprächen wird mir oft erzählt, dass jemand kurz nach dem Tod vom Verstorbenen träumt. Ich glaube schon, dass das ein Abschiednehmen des Verstorbenen ist, wenn wir ihn anders nicht wahrnehmen. Durch den Schmerz ist man oft sehr verkrampft und der Geist des Verstorbenen kann nicht bei uns eindringen, um „lebe wohl" zu sagen. Daher tut er es im Schlaf, weil wir in dieser Zeit viel mehr wahrnehmen, bzw. uns besser öffnen.

In meiner Kindheit träumte ich sehr intensiv, so, dass ich im Schlaf Handlungen durchführte, von denen ich gerade träumte. Wenn mich mein Vater dabei hörte, kam er zu mir und fragte mich, was ich denn hier wolle, wodurch er mich aufgeweckt hat. Ich kann mich erinnern, dass ich einmal darüber nachdachte, was ich den hier wollte, ich wusste es nicht. Aber ich wusste im Schlaf, dass ich Papa eine Antwort geben musste, weil er mich einige Tage vorher während des Tages darauf aufmerksam machte, dass ich ihm immer eine Antwort geben soll, damit er weiß, dass ich ihn gehört habe, daher sagte ich zu ihm: „Ich wollte mir Wasser holen".
Einmal wunderten sich alle in meiner Umgebung über den Geruch, den ich in den Haaren hatte, bis meine Mutter und meine Schwester darauf kamen, dass ich mir im Schlaf das Fläschchen Parfum meiner Mutter auf den Kopf geleert hatte.
Ein anderes Mal: Ich war noch sehr klein, als ich auf ein „Waschstockerl" geklettert bin. Ich machte die Laden dieses Kästchens auf und benutzte sie wie Stufen. Oben angekommen, stellte ich mich auf die Zehenspitzen, um das Licht über dem Spiegel aufdrehen zu können. Dabei wurde ich von meinem Vater geweckt. Wahrscheinlich bekam es mein Vater mit der Angst zu tun, weil er nicht wusste, was denn mit mir los sei. Der befragte Arzt war der Meinung, dass ich übersensibel und übernervös sei und dass ich keinen Kaffee trinken darf, dabei war damals unser Kaffee ein Blümchenkaffee, an dem man eine Kaffeebohne vorbeitrug.
Ich war auch noch ein Kind, als ich wahrgenommen habe, dass ich etwas erlebte, wovon ich geträumt habe. Man könnte ja denken, das waren meine Aktivitäten, welche ich schlafend vollzog. Doch die „erfüllten

Träume" setzten sich bis heute fort. Dabei drücken sie sich nicht immer „eins zu eins" aus, sondern mit Symbolen und symbolischen Handlungen oder Bildern. Es kann schon passieren, dass ich diese nicht richtig auslege, deshalb habe ich genauso eine Angst etwas falsch auszulegen, wie bei Visionen oder Wahrnehmungen. Ich habe ein sehr starkes Gottvertrauen, aber wenig Vertrauen, dass ich die Botschaft richtig verstehe.

Ich habe geträumt
Ich war zwanzig Jahre alt als ich träumte, aus dem Rauchfang meines Elternhauses stieg Rauch auf, obwohl nicht eingeheizt war. Der Rauchfang stürzte ein und drückte den Fußboden unserer Wohnküche (gewöhnlich unser privater Aufenthaltsraum) so ein, dass meine Mutter, mein Vater und ich hinfielen und in die Tiefe rutschten. Ich war tottraurig und hatte schreckliche Panik. So der Traum.

Einige Wochen danach. Es war Kirtag in unserem Ort. Ein paar Leute meinten Brandgeruch wahrzunehmen. Da mein Elternhaus gleich nebenan stand, sahen mein Vater und ich auf den Dachfirst und waren der Meinung, es komme nicht von unserem Haus. Meine Geschwister und die anderen Verwandten an unserem Tisch, haben die Sorge welche Papa und ich hatten, gar nicht gemerkt.
Es war der Traum, der mich veranlasste, ohne mich bemerkbar zu machen, der Ursache des Geruches auf den Grund zu gehen. Ich ging meiner Meinung nach unbeachtet zu unserem Haus, öffnete das große Haustor, stellte mich in den Hof und sah zum Dachfirst. Ich war mir nicht ganz sicher, ob das Rauch ist, was vom Dach aufsteigt. Als ich noch am Überlegen war, stand schon mein Vater neben mir. Ich sagte nur: „Papa, steigt da drüben Rauch auf?" Mein Vater war ein sehr ernsthafter Mensch. Er sah zum Dach, fing an zu den Ställen zu laufen, die Schweine wurden laut (meine Eltern hatten neben dem Kaufmannsladen auch eine Schweinezucht und das Stroh dafür hatten wir auf dem Dachboden gelagert) und Papa gab keine Antwort auf meine Rufe. Ich dachte, mein Vater hat wieder alle Hände voll zu tun mit dem Feuerlöschen.
Einige Jahre vorher hatten wir das schon einmal. Damals wachte meine Mutter nachts auf und war der Meinung Brandgeruch zu riechen. Das konnte nicht möglich sein, weil wir in unseren Schlafräumen von den

Ställen nichts riechen konnten. Ich wurde damals geweckt, weil ich meinen Vater panisch „Ilse" rufen hörte. Daraufhin rannte ich zu den Ställen, wo es schon lichterloh brannte. Mein Vater löschte mit Säcken und bloßen Händen, meine Mutter und ich mit Wasser. Wir konnten den Brand löschen, doch einige kleine Ferkel waren verbrannt.

Mit dieser Erinnerung lief ich zurück zum Kirtag. Da aber versagten meine Knie und ich musste mich setzen. Eine Frau sah mich und fragte, was mit mir los sei. Ich konnte nur sagen: „Bei uns brennt es". Dann nahm alles seinen Lauf. Die Musik hörte auf zu spielen und die Leute hörten dadurch auf zu tanzen. Die Feuerwehrmänner des Dorfes liefen zum Feuerwehrhaus und die restlichen Menschen in unseren Hof und Garten. Mein Schwager wollte die Wohnung meiner Eltern aufsperren, fand in der Aufregung keinen Schlüssel, brach ein Fenster ein und beim Hineinklettern zerbrach er einen Liegestuhl. Usw.

Nach einiger Zeit, als ich wieder stehen konnte, ging ich in unseren Hof und da kam auch schon mein Vater mit der Nachricht, dass es bei uns nicht brenne. Meine Mutter schämte sich vor den vielen Leuten für mich. Mein Vater aber nahm mich in die Arme, denn er sah genau dasselbe wie ich. Ich hatte das Gefühl, dass er mir dafür dankbar war, gemeinsam mit ihm die Verantwortung getragen zu haben. Um mir meine Angst zu nehmen, er hätte vielleicht etwas übersehen, nahm er mich an der Hand und wir kletterten beide auf den Dachboden. Er ließ mir die Zeit, dass ich jeden Punkt, welcher aussah wie ein Funke im Stroh, angreifen konnte. Auf der anderen Seite des Dachbodens stiegen wir über eine Treppe wieder hinunter.

Inzwischen spielte die Musik wieder und die Leute tanzten. Einige Männer hatten aber eruiert, was geschehen war.

Im Gasthaus wurden Mengen an Schnitzel gebacken. Der Hof meines Elternhauses ist rundum abgeschlossen;

weil Niederdruck war, hat sich der Dampf hier abgesenkt. Mit dem Öffnen des Tores entstand ein Luftzug und drückte den Dunst hoch. Durch das grelle Licht vom Kirtag sah es aus, als würden Rauchschwaden hochsteigen.

Einige Monate danach, erfüllte sich aber der Traum wirklich, indem Unglück über uns hereinbrach. Da war der dunkle Rauch, der Zusammenfall des Rauchfanges und meine Eltern und ich hatten den Boden unter den Füßen verloren. Meine komplette Lebensgrundlage brach zusammen, wie der Rauchfang und der Boden unserer Küche.
Dieses war wohl mein spektakulärstes Erleben mit Träumen.

Ein Traum verursachte als ich etwa 40 Jahre alt war, die Meinungsbildung meiner Geschwister und Eltern, dass ich geistesgestört sei, weil sie mit meiner Warnung nichts anfangen konnten und ich zu der Zeit in Kärnten lebte. Erst zehn Jahre danach, konnte ich ihnen aufzeigen, dass das zugetroffen ist, was mir der Traum damals zeigte.

Ich träumte, dass mein jüngerer Bruder am Dachboden unseres Elternhauses zwischen einem Stapel Holzbretter eingeklemmt war und ich konnte ihn nicht befreien. Ich wachte auf, war wie in Trance und hörte mich immer wiederholen: „Dem G. (mein jüngerer Bruder) können wir nicht helfen, aber der W. (mein älterer Bruder) kann gerettet werden, wenn ich ihn warne. Das muss ich tun, auch wenn es mir nicht angenehm ist." Daraufhin, ich wurde inzwischen immer wacher, rief ich meine Schwägerin, die Frau meines älteren Bruders an und erzählte ihr folgendes: „Ich hatte eben wieder einmal einen Wahrtraum. Der G. ist in Lebensgefahr, aber dem können wir nicht helfen. Der W. ist auch in Gefahr, aber nicht in Lebensgefahr und Du kannst ihm helfen, damit ihm nichts passiert." Es ist ja kein Wunder, dass sie dachte ich sei nicht ganz dicht und das dem Rest der Familie erzählte.

Einige Jahre nach diesem Traum erfuhren wir, dass die damals 35 jährige Frau meines jüngeren Bruders Krebs im letzten Stadium hat. Sie starb eineinhalb Jahre später. Meine Schwägerin war eine große Liebe meines Bruders. Die beiden Kinder litten selbstverständlich genauso, wenn nicht noch mehr darunter als mein Bruder, eben weil sie noch Kinder waren.

Meinem älteren Bruder stieß bald darauf ein Unglück zu, worüber ich aber hier nicht schreiben möchte. Aber ich bin überzeugt, seine Frau hätte dieses Unglück lindern können.

Ich habe immer noch „Wahrträume" und meine Angst, etwas falsch zu deuten, besteht nach wie vor.

Es ist noch gar nicht so lange her, da erlebte ich im Traum meine Geburt. Als ich vom Bauch meiner Mutter herauskam, fing ich an zu schreien. Mir war es hier unangenehm, aber im Traum konnte ich nicht ausdrücken weshalb. Erst als ich wach war und mich in den Traum versetzte, wusste ich was es war, das ich durch mein Schreien kundtun wollte. Mir war kalt! Ich musste lachen als ich das erkannte und es war mir auch klar, dass das stimmte. Kam ich doch von der Körperwärme von 36,8 Grad in eine Zimmertemperatur von höchsten 25 Grad. Was mir durch diesen Traum noch bewusst wurde ist, dass ein Baby, auch wenn es reden könnte, nicht fähig wäre zu erklären, wie dieses Unbehagen, das wir Kälte nennen heißt. Es kannte ja bisher diesen Zustand oder dieses Gefühl nicht. Somit erfüllt das Neugeborene durch das Schreien zwei Faktoren. Der Winzling Mensch tut seinen Willen kund, nämlich: „Mir passt etwas nicht", muss aber schreien, damit die Luftröhre zum Atmen frei wird.

Einige Wochen danach träumte ich, dass ich schon gestorben sei. Meine jüngere Tochter war darüber sehr traurig. Ich hatte das Gefühl, dass ich nicht am Boden, sondern in einer Höhe von etwa drei Metern schwebte – nein, nicht schwebte, ich existierte unsichtbar. Meiner Tochter erklärte ich: „Ich kann Dir doch auch als Tote noch helfen. Du weißt doch, dass wir telepathisch kommunizieren können. Spürst Du nicht, dass ich Dir etwas mitzuteilen habe?" Auch dieser Traum zeigte mir, wie es im Leben und im Danach abläuft.

Nabucco

Zwei Nächte bevor ich mir mit meiner jüngeren Tochter Nabucco angesehen habe, träumte ich, dass ich mit ihr gewaschene Wäsche aufhänge. Als wir fertig waren, hängten wir noch einmal gewaschene Wäsche auf eine Leine. An und für sich könnte man sagen kein besonderer Traum - wenn man weder die Vorgeschichte kennt, noch was bei Nabucco mit mir geschehen ist.

Vorgeschichte:
Vor etwa vierzig Jahren sah ich Nabucco. Eine wunderbare Musik von Verdi. Aber ich war weder vom Thema beeindruckt, noch vom berühmten Gefangenenchor. Kurz vorher habe ich mir Fidelio angesehen. Der Gefangenenchor berührte mich damals bei Fidelio viel tiefer als bei Nabucco. Den Gefangenenchor von Fidelio kennen allerdings nur wenige Leute. Fidelio ist die einzige Oper welche Beethoven geschrieben hat.
Vor der Vorstellung sprachen meine Tochter und ich über Nabucco. Ich konnte ihr einiges erklären, da ich seit ich das erste Mal Nabucco sah, ein zweieinhalbjähriges Bibelstudium hinter mir habe und mich sehr oft mit der Bibel (Altes + Neues Testament) auseinandersetze. Ich erzählte ihr auch, dass ich das erste Mal von Nabucco nicht so begeistert war wie einige meiner Bekannten. Und - dass mir der Gefangenenchor von Fidelio besser gefällt, erzählte ich ihr auch. Nach der Vorstellung meinte sie lachend: „Der Gefangenenchor von Fidelio gefällt dir besser wie von Nabucco?"
Was während des Gefangenenchors geschah:
Ich hatte anfangs kein Problem damit - die Musik und die Sänger waren phantastisch. Doch plötzlich spürte ich das Gefühl: „TEURE HEIMAT..." und selbstverständlich flossen die Tränen. Ich war von mir selber überrascht und fühlte in mich, welche Emotionen bei mir ausgelöst wurden. War es „weil ich als Friedensaktivistin verabscheue aus politischen Gründen Gefangene zu

halten"? Bei dieser Frage spürte ich keine Regung. „Weil ich mir von Herzen wünsche, dass es keine Gefangenen gibt"? Nein, das war es auch nicht. Plötzlich und unvorhergesehen erlebte ich die Gefühle die ich seit vielen Jahren vergessen hatte.

Aus familiären Gründen lebte ich gezwungener Maßen einige Jahre in Salzburg und Kärnten. „TEURE HEIMAT ..." Als ich in Bad Gastein lebte, dachte ich einige Male: „Wenn ich die Eigentumswohnung in Wien nicht vermietet hätte, würde ich zu Fuß nach Wien zurückgehen." Das konnte ich aber nicht, denn meine Wohnung wurde von anderen Leuten bewohnt.

In Kärnten war es dann noch schlimmer, weil wir das Haus gekauft hatten in dem wir lebten und ich dadurch das Gefühl hatte, nie mehr in meiner Heimat Niederösterreich/Wien leben zu können.

Als mir bei der Musik bewusst wurde, welche Gefühle diese Musik in mir auslösten, änderten sich meine Gefühle von Trauer in Dankbarkeit.

Dankbar, dass ich nicht mehr als eine Gefangene (ich wurde ja gezwungen von zu Hause wegzugehen) fern der Heimat war. Mir wurde bewusst: Ich bin wieder zu Hause und sehe gemeinsam mit meiner Tochter Nabucco an. Am Ende der Vorstellung wurde der Gefangenenchor wiederholt. Ich glaube, das brauchte ich auch, denn dadurch konnte ich wirklich die schmutzige Wäsche reinigen.

Im Traum hängten meine Tochter und ich gewaschene, das heißt gereinigte Wäsche auf. Wie ich oben beschrieben habe, kaum waren wir fertig, hängten wir wieder gewaschene Wäsche auf, genau wie beim Gefangenenchor, der zweimal gesungen wurde.

Pferdetraben

Ich wohnte schon über 25 Jahre in meiner jetzigen Wohnung. Zwei Jahre vor diesem Traum wurde das ganze Haus saniert und ich blieb als einzige Person in dem Haus wohnen, da ich fünfzehn Jahre vorher die Wohnung total saniert hatte. Während der Sanierungsarbeiten hatte ich zweimal, jedes Mal in der Nacht einen „Wassereinbruch". Dadurch fiel das Licht aus, in weiterer Folge das Telefon und ich war als einzige Person im ganzen Gebäude. Zum Glück hatte ich das Handy um die Feuerwehr zu rufen. Damit die Wohnung nicht überschwemmt und die Fußböden kaputt wurden, habe ich nur dem Umstand zu verdanken, dass ich zu der Zeit täglich bis tief in die Nacht am PC geschrieben habe.

Nun zum Traum: Es war wieder Nacht. Ich habe gut geschlafen und träumte, dass ich in meinem Kabinett im Elternhaus schlafe. Mir war im Traum als hörte ich, von der Straße das Klappern von Pferdehufen. „Das hört nicht auf" dachte ich, immer noch im Schlaf. „Höre ich es, weil es in der Nacht ruhig ist schon seit einigen Kilometern?" Dann stand auf einmal ein Mann vor mir. Er war sehr schön und wie ein Hühne gebaut. Er sprach kein Wort, sah mich nur an als würde er sagen wollen: „Na mach doch endlich etwas!" Da wurde mir blitzartig klar, noch immer im Traum, „Das kann kein Pferd sein, denn der Reiter steht hier." Plötzlich war ich hell wach und hörte wieder einmal Wasser tropfen. Es kam im Vorzimmer von der Decke und wie die anderen Male, fiel das Licht aus. Dieses Mal war ich aber Gott sei Dank nicht mehr alleine. Alle Wohnungen im Haus wurden inzwischen von neuen Eigentümern bewohnt. Ich lief zu den oberen Nachbarn, eine Männer-WG, deren Therme kaputt war. Einer der Männer half mir, die Kabel an der Decke zu trocknen und dann so zu verbiegen, dass das Wasser keinen Kurzschluss auslösen konnte.

Hätte ich nicht diesen Traum gehabt, wäre ich wahrscheinlich erst wachgeworden, wenn ich auf die Toilette müssen hätte, da wäre aber wahrscheinlich die ganze Wohnung unter Wasser gestanden.

Ich bin der Meinung, der Mann im Traum war der „Spitzbart" über den ich in: „Engel, Jenseitsbotschaften und anderes Außersinnliche" geschrieben habe. Hätte er mich mit dem Aussehen, das er in meiner Kindheit hatte gewarnt, wäre ich wahrscheinlich so erschrocken wie damals. Seit einigen Jahren, wenn ich das Gefühl habe er ist wieder hier, sage ich: „Ich weiß, dass Du mir nichts Böses tust und ich weiß inzwischen auch, dass es Gestalten gibt, die sich sichtbar machen können. Aber bitte lasse Dich nicht sehen, denn Du bist so hässlich und ungewohnt." Er hat sich das zu Herzen genommen, würde man bei einem Menschen sagen. Daher habe ich ihn dieses Mal nicht mit den Augen gesehen, sondern im Traum. Noch dazu als schönen Mann. Trotzdem möchte ich ihn nicht ansehen müssen, weil es unnatürlich ist. Er passt nicht in das Leben als Mensch.

Bedingungslose Liebe

Einige Wochen vor Weihnachten hatte ich einen Traum, in dem es um die bedingungslose Liebe ging als ich wach wurde, weil mir die Tränen über das Gesicht geronnen sind.

Bevor ich einschlief dachte ich, was ich wohl dieses Jahr zu Weihnachten zu sagen habe, nun wusste ich es. Für mich war bis zu diesem Traum, Weihnachten das Fest des Friedens. Der Traum hat mich darauf aufmerksam gemacht, dass Weihnachten das Fest und die Mahnung zur bedingungslosen Liebe ist. Warum?

Ein neugeborenes Kind ist bedingungslos auf die Liebe anderer Menschen angewiesen.

Vor ca. 2.000 Jahren lebte eine junge unverheiratete Frau (Jung-Frau), die aus bedingungsloser Liebe, JA zum Willen Gottes sagte. Ich bin überzeugt, dass es zur damaligen Zeit schwer war, ein uneheliches Kind zur Welt zu bringen. Genauso bin ich davon überzeugt, dass es damals auch die Möglichkeit einer zwar heimlichen, Abtreibung gab. Aber diese bewusste junge Frau bekam den Auftrag Gottes, Jesus zu gebären. Gott brauchte Jesus als Werkzeug zur Erlösung vieler Menschen, die ohne seine Lehren Gott nicht finden würden - ist nicht der richtige Ausdruck, weil wir Gott nicht finden müssen, er ist doch immer und überall da. Wahrnehmen, ist für mich der richtige Ausdruck.

Obwohl es für eine Frau knapp vor der Niederkunft nicht leicht war, kam sie mit Josef mit zur Volkszählung. Just da meldete das Kind seinen Anspruch zum Leben. Bedingungslos, ohne jeden Komfort kam es zur Welt.

Als Josef träumte, dass er sofort mit Maria und dem Kind flüchten sollte, war es auch die bedingungslose Liebe und das volle Vertrauen zu Gott, das doch ein Zeichen der Liebe ist, die ihn sofort danach handeln ließ. Er setzte Maria und das Jesuskind auf einen Esel und verschwand aus der Gegend. Im richtigen Moment, wie wir aus der Bibel wissen. Ich glaube diese

Weihnachtswunder geschehen immer wieder und die bedingungslose Liebe wird noch immer von vielen Menschen praktiziert.

Als ich vor Jahren in Israel war, wollte ich mir etwas Besonderes mit nach Hause nehmen. Wir waren in einem Shop der Mengen an Krippen etc. verkaufte. Ich dachte erst, eine Krippe wäre das Richtige. Nachdem ich mir aber einige Jahre vorher eine geschnitzte aus Tirol mitgebracht habe, wollte ich das nicht. Ich ging durch den Laden um zu fühlen, was mich anspricht.
Es war die heilige Familie mit dem Esel auf der Flucht. Bis jetzt war ich der Meinung, dass mich das Motiv, auf der Flucht zu sein, angesprochen hat. Da ich mich doch viel mit Flüchtlingen befasste und alles mir mögliche daran setzte, um zu verhindern, dass Menschen flüchten müssen. Trotzdem fühle ich immer etwas anderes, wenn ich zu Hause die aus Holz geschnitzte Gruppe der Heiligen Familie betrachte.
Eine Zeit dachte ich, es wäre der Ausdruck der Zusammengehörigkeit. In schweren Zeiten für einander da zu sein. Aber sind wir da nicht schon wieder bei der bedingungslosen Liebe? Besonders in schlechten Zeiten füreinander da zu sein, in guten Zeiten kann es doch jeder, dazu braucht es keine Liebe, schon gar nicht die bedingungslose.

Seit meinem Traum ist mir klar, dass mir diese Skulptur die bedingungslose Liebe vermittelt.
Aus eigener Erfahrung weiß ich, dass es nicht leicht ist, bedingungslos zu lieben, daher die Tränen im Schlaf.
Bedingungslos lieben heißt: „Nicht fragen, ob mich diese Person auch liebt, sondern dazu zu stehen, dass ich diesen Menschen liebe, ohne Wenn und Aber."

Die Heiligen Drei Könige

Sie waren Astrologen und Weise. Wenn sich jemand auf Grund eines anders aussehenden Sternes und zu damaligen Reisebedingungen, auf so eine Reise einlässt, muss er schon sehr demütig und weise sein.

Von den Dreien hatte jeder für sich beschlossen, auf Wanderschaft zu gehen und der Richtung des Sternes zu folgen. Sie hatten sich nicht vorher miteinander abgesprochen. Nicht telefoniert oder ein eMail geschickt. Sie haben sich auch nicht bei einer Bus- oder Bahnhaltestelle, oder am Flughafen verabredet. Sie haben sich auf die göttliche Führung eingelassen.

Als sie von Betlehem wieder nach Hause wollten, hatten sie einen Traum, der ihnen gebot, nicht mehr zu Herodes zu gehen, wie er es ihnen aufgetragen hatte, sondern einen anderen Weg zu nehmen. Nicht einer der Heiligen hatte den Traum, sondern alle drei. In Matthäus 2,12 steht: *„Weil ihnen aber im Traum geboten wurde, nicht zu Herodes zurückzukehren, zogen sie auf einem anderen Weg heim in ihr Land."*
Sie haben den Traum ernst genommen.

Ich wünsche ihnen für jedes neue Jahr alles Liebe und Gute und dass sie ihre Träume ernst nehmen, auch wenn es keine schönen Träume waren. Gehen sie dem nach, wie die Heiligen Drei Könige, dann können auch schlechte Träume Gutes bewirken.

„20-C-M-B-15"

NAHTOD – KURZTOD – TODESNAH

Fastenzeit

Für mich hat die Fastenzeit viel Ähnlichkeit mit unserem Leben. In der Fastenzeit gehen wir auf den Tod zu, wir bereiten uns auf den Tod Jesu vor. In unserem Leben gehen wir auch auf den Tod zu - unserem eigenen Tod. Daher bin ich der Meinung, dass wir unser Leben möglichst so gestalten bzw. leben sollten, dass es uns im Jenseits zur ewigen Seligkeit verhilft.

Das kann man mit Jesus vergleichen, denn er lebte wie es die Evangelien sagen, wirklich zur Freude seines Vaters, der genauso auch unser Vater ist, bis zum Tode. Es wird uns gelehrt, Jesus ist vom Tode auferstanden und ich glaube, jeder Mensch tut das.

Jede falsche Handlung in unserem Leben, wird uns im Tode gezeigt. Ich möchte so wenig wie möglich bereuen müssen, daher bemühe ich mich, Gottes Willen wahrzunehmen. Das ist jedem Menschen möglich, wenn wir nur wachsam sind. Es ist uns nicht immer und andauernd möglich, weil wir eben Menschen sind und keine Geistwesen.

Leider haben viele Menschen die Wahrnehmungen verloren oder beachten sie nicht, durch:
1. die Inquisition,
2. die Industrialisierung,
3. das Auseinanderleben der Familien und
4. die vielen Unterhaltungsmöglichkeiten die uns zurzeit geboten werden.

Wir sind jetzt im Zeitalter des Wassermannes, da kommen die ursprünglichen Eigenschaften wieder hoch, wir müssen uns aber schon darum bemühen.

Einige Monate bevor Papst Benedikt abdankte, hatte ich folgendes Erlebnis.

Bei einer Systemaufstellung mit dem Thema: „Soll ich aus der Kirche austreten?" haben wir jemand für mich und jemand für Gott als Stellvertreter „hineingestellt" und

dann testeten wir aus, ob wir „die Kirche" oder den „Papst" hineinstellen sollten. Es sollte der Papst sein.
Was sich in der Aufstellung darstellte war das, was Papst Benedikt einige Wochen später bei seinem Rücktritt erklärt hat.
Wenn es Sie interessiert was sich für mich ergeben hat: „Ich soll nicht aus der Kirche austreten."
Der Grund der Aufstellung war nicht der Kirchenbeitrag, sondern meine Gedanken: „Kann ich das, was in der Kirche vor sich geht, als eine an Gott glaubende Frau noch mittragen? Kann ich zu dem, was die Kirche vorgibt, noch stehen?"

Manchmal denke ich als Friedensaktivistin gehöre ich keiner Partei an, da sollte ich vielleicht auch keiner bestimmten Religion angehören.
Ich wähle die Partei, die Politikerin oder den Politiker, welche sich am besten für Friede, Gerechtigkeit, Bewahrung der Schöpfung und der Menschenwürde einsetzt. Das heißt, wenn eine Partei oder deren vertretende Politiker, auch wenn sie mir (Partei oder Politiker bzw. Politikerin) noch so sympathisch sind, Frauen so diskriminieren würden, wie die Männer der röm. kath. Kirche es tun, würde ich diese Partei oder diesen Politiker sicher nicht wählen.
Durch die humanenergetischen Methoden und durch die Trauergespräche werde ich mit der Seele der Menschen, mit ihrem Unterbewusstsein und mit Gott immer wieder konfrontiert. Dabei nehme ich so vieles wahr, was sich die Männer in der Kirche nicht träumen, geschweige denn, darüber reden getrauen.

2004 sah ich im Vorbeigehen im Schaukasten unserer Pfarre ein Plakat, darauf stand: „Wenn sie Menschen helfen wollen, werden sie Trainer oder Priester." Ich war entsetzt, so sehr, dass ich jahrelang nicht mehr in diese Pfarre gegangen bin.

Dieser Satz war auch einer der Gründe dafür, dass ich damals energielos wurde. Wenn schon ein Mann so einen frauenmissachtenden Aufruf schreibt und es dann noch ein Mann als Priester veröffentlichen lässt, habe ich in dieser Pfarre nichts verloren. Ich habe und helfe so vielen Menschen, wahrscheinlich mehr als viele Priester es tun und bin kein Mann, sondern eine Frau. Wenn einer dieser beiden Priester, die mir ja persönlich bekannt waren, eine Frau an ihrer Seite hätten, würden sie wahrscheinlich die Frauen nicht so diskriminieren, wie diese beiden, im speziellen der, dessen Handschrift die Worte trugen. Damals wusste ich nicht, wer dafür verantwortlich war. Ich hörte es erst etwas später im Fernsehen und war dadurch entsetzt, enttäuscht und sehr tief verletzt!

Den Himmel erfahren

Ich glaube, als ich 1988 bei einem Unfall einen Herzstillstand hatte und fühlte, dass mein Körper tot ist, habe ich durch das Loslassen, den „Himmel" erfahren!
Wäre ich verkrampft geblieben, wie ich es zu dieser Zeit im Alltag war und hätte nicht loslassen können - ev. „Hölle"?
Allerdings habe ich schon seit dem Unglück meines Kletterpartners, das war einige Jahre vorher, mit dem Tod vor Augen gelebt. Dadurch war meine Lebensweise liebevoll und friedliebend. Ich habe vermieden andere Menschen zu verletzen.
Als mir bewusst wurde, dass ich keinen Körper spürte und irgendwo oben war, legte ich das Schicksal meiner Kinder in Gottes Hände mit den Gedanken:

„Gott - ich weiß, dass du keine Hände hast, ich kann aber nur in Bildern denken. Ich lege (ICH LASSE LOS) das Schicksal meiner Kinder in deine Hände. Bitte LASSE DU nicht zu, dass ihnen ein schweres Leid geschieht."
Mit Ge - LASSEN - heit dachte ich die Worte: „Nun hab` ich euch doch im Stich gelassen."
Ich hatte ihnen immer versprochen bis zur bitteren Neige bei ihnen zu sein und sie nicht im Stich zu LASSEN.

WAHRE WERTE

Reich beschenkt

Es liegt schon einige Jahre zurück, als ich ein wunderbares Erlebnis mit dem Unterschied der Werte hatte.
Begonnen hat es erstmals traurig, denn meine Schwester rief mich an, um mit mir zu streiten und mich zu beleidigen. Ich stieg ihr aber darauf nicht ein. In ihrem Frust wollte sie mir sagen, wie reich sie mir gegenüber ist und meinte, sie hätte Millionen (damals schon Euro) auf der Bank. Gelassen antwortete ich darauf, dass meine Werte wo anders liegen - ich meinte damit nicht die finanziellen Werte.

Einige Tage darauf fuhr ich, wie jedes Jahr mit den Buswallfahrern der Pfarre nach Maria Zell. Als wir etwa eine Stunde unterwegs waren, wurde, wie jedes Jahr, der Rosenkranz gebetet. Rosenkranzbeten ist nicht meines, aber ich lasse mich gerne vom Rosenkranz in die Meditation führen, so auch dieses Mal.
Dabei war ich dem, was ich Gott nenne, unsagbar dankbar. Meine beiden Töchter hatten mir am Vorabend eine herzliche Liebeserklärung und ein Kompliment gemacht. Im Beruf und in der ehrenamtlichen Tätigkeit hatte ich Erlebnisse, die für mich wie Wunder waren. Dafür war ich unbeschreiblich dankbar und glücklich, weil mich Gott so reich beschenkt.
Da fiel mir plötzlich die Aussage meiner Schwester ein, sie hätte die Millionen auf der Bank und ich dachte: „Gott, du beschenkst mich so reich, dass ich reicher bin als es viele Millionen Euro machen könnten."

Plötzlich blieb der Bus stehen und der Chauffeur stieg aus. Die Fahrgäste drängten sich auf der mir gegenüberliegenden Seite zu den Fenstern. Ich möchte nicht drängeln, daher wartete ich bis der Chauffeur wieder einstieg und folgendes erzählte:

Zwei Gendarmeriebeamte standen mit einem Autofahrer, der Strafe zahlen musste am Straßenrand. Der Luftzug eines vorbeifahrenden Autos rieß dem Autofahrer das Geld aus der Hand. Das war aber nicht nur das Bußgeld oder Strafgeld, sondern es waren sehr viele große und kleine Scheine, die nun auf der Straße verstreut lagen.

Das passte doch wunderbar zu meinem Gebet oder Danksagung.

Mich ganz dem heiligen Willen hingeben
Es ist leicht gesagt oder geschrieben werden Sie denken, wenn Sie aber meinen beiden Töchtern und mir zuhören würden, wenn etwas geschieht was wir lieber anders hätten, würden Sie merken, dass es sich ganz gut nach dem Willen Gottes leben lässt.

Ein Beispiel:
Am 2. Jänner 1990 hat meine ältere Tochter auf ihren eigenen Wunsch bei mir zu arbeiten begonnen. Sie hatte Null Kenntnisse von Buchhaltung. Nachdem ich aber, als ich beim Steuerberater als Berufsanwerterin gearbeitet habe, junge Maturanten und Handelsschüler in die Arbeit eines richtigen Buchhalters eingeführt habe, nahm ich mir vor, dass ich für meine Tochter noch mehr Geduld und Einfühlungsvermögen aufbringen werde. Ich dachte, sie wird einige Jahre bei mir arbeiten und dann in einer größeren Firma als Buchhalterin arbeiten. Zu ihr sagte ich am ersten Tag wortwörtlich: „Du kennst mich und weist, dass ich keine Hysterikerin bin. Wenn Du also merkst, dass ich nervös werde, dann mach mir einen Kaffee, oder erzähle mir einen Witz, oder denke Dir „leck mich am Arsch". Ich weiß nicht was Du denkst, aber Du kannst mir damit wahrscheinlich Ruhe vermitteln, weil Du selber dadurch ruhig bleibst." Ich weiß nicht wie oft sie sich das gedacht hat, aber wir bekamen immer alles auf die Reihe, sonst hätte sie nicht 25 Jahre lang mit mir gearbeitet.

Einige Jahre nach ihrem Eintritt bei mir, verloren wir durch die Kämpfe in Jugoslawien einige Firmen auf einmal. Ich hatte sofort Existenzängste. Meine Tochter aber sagte: „Mama, habe keine Angst. Gott gab uns immer das, was für uns richtig war. Er ließ uns nicht reich werden, aber zu wenig war es auch nie." Wieder einige Jahre danach gründete ich mit ihr eine Kleingesellschaft, damit konnte ich ihr meine Wertschätzung zeigen. Als ich in Pension ging tauschten wir die Verantwortung und die Gewinnbeteiligung obwohl sie mit der Ausbildung noch nicht fertig war. Vor zwei Jahren wurde sie mit der Ausbildung fertig und meldete das Gewerbe als Einzelfirma an. Unsere gemeinsame Gesellschaft wollte sie nicht gleich auflösen. Wir haben das gemeinsam im Jänner gemacht. Das heißt, wir haben von Jänner 1990 bis Jänner 2015 miteinander gearbeitet. Wir hatten eine wunderbare Zusammenarbeit, ich danke Gott, dass er uns immer wieder die richtigen Worte zur rechten Zeit gegeben hat.

Ilse hilf heilen
Vor einigen Jahren fuhr ich wie jedes Jahr seit ich nicht mehr zu Fuß mitgehe, mit der Pfarre im Bus nach Maria Zell. Am Mittwoch gingen die Fußwallfahrer hier weg und in Maria Zell treffen wir uns immer am Samstag zu einem gemeinsamen Gottesdienst. So weit, so gut.
Doch in den letzten Wochen vorher hatte ich sehr starke Schmerzen in beiden Becken- und Schulterbereichen. Erst zwei Tage vorher bekam ich aber Kortison und starke Schmerzmittel, daher konnte ich mitfahren, sonst wäre mir das wegen der Schmerzen nicht möglich gewesen.
Als ich vor der Abfahrt darüber nachdachte, welches Thema ich dieses Jahr nach Maria Zell bringen möchte, fiel mir meine derzeitige Tätigkeit als Humanenergetikerin ein. Zwar wusste ich, dass Gott mich dafür berufen hat, aber ich hatte das Gefühl, dass er mich für diese Tätigkeit noch nicht „ausgesendet" oder die „Weihe" erteilt hatte.

Im Bus bekamen wir die Begleithefte, welche auch die Fußwallfahrer bei sich haben und da las ich, dass das diesjährige Thema „Heilung, neue Wege, Kraftquellen und Miteinander" war. Das war schon einmal der Beweis, dass ich das richtige Thema gewählt hatte. Während des Gottesdienstes dachte ich: „Es fehlt mir noch ein Zeichen, damit ich es annehmen kann, dass Gott mich ab heute auf den neuen Weg schickt und mir die Kraft dafür gibt, denn bis heute hatte ich sie nicht wirklich - die Kraft dazu." Ich habe zwar schon seit 2009 das Gewerbe als Energetikerin ausgeübt, aber so richtig fühlte es sich bei mir noch nicht an. Ich habe einige Male überlegt, ob ich wieder aufhören sollte zu arbeiten.
Zwischen unserer Ankunft in Maria Zell und der der Fußwallfahrer saß ich in der Basilika. Das mache ich stundenlang, jedes Mal wenn ich in Maria Zell bin. Ich hing dem Gedanken nach, was mich denn dabei so berührt. Es ist nicht der Gnadenaltar, ich bin Gott nicht

näher als irgendwo anders oder zu einer anderen Zeit. Ich lebe mit Gott - immer und überall. Mir wurde wieder einmal bewusst, es sind die Menschen. Ihre Energie und Liebe. Jeder der hier her kommt, kommt nicht mit Hass oder Brutalität im Herzen. Nein, jeder der hier her kommt, kommt mit Liebe im Herzen. Mit Hoffnung. Auch wenn jemand traurig ist oder verzweifelt, entmutigt, gekränkt usw. Es sind alles Gefühle die von der Liebe geprägt sind. Großartig, was Glaube zustande bringt und was „Kirche" ermöglicht.

Bei der Predigt erzählte unser Pfarrer über eine Wahrnehmung von ihm, die er einige Jahre vorher hatte - sie war ähnlich wie meine in der Basilika.
Als Schlusslied haben wir: „Ein Zeichen unserer Hoffnung" gesungen. Es beginnt mit: „Ein Zeichen ....". Ich hatte es nun - das Zeichen.
Anschließend an den Gottesdienst trafen wir uns zum Essen. Ich hatte das Gefühl, dass ich vorher noch bei den Standeln vorbeigehen müsse, weil ich da etwas sehen würde, was ich als „Einweihungsdokument" mit nach Hause nehmen sollte. Ich war erstaunt, als ich wirklich ein zutreffendes Bild hängen sah. Ich fragte die Verkäuferin, ob dieses Bild für einen bestimmten Zweck gedacht sei. Die Antwort kam von einem Mann unserer Pfarre, der plötzlich hinter mir stand. Er sagte: „Da kann man Jedlicka hineinschreiben." „Richtig", antwortete ich, „da kann man was hineinschreiben, was ich auch tun werde. Aber nicht Jedlicka, da gehört was anderes hinein."

Zu Hause wurde mir die volle Bedeutung dieses Bildes bewusst. Ein Kind liegt in einem Bett weil es krank ist. Da wusste ich auch, was da hinein gehört. „Ilse hilf heilen". Es ist ein Auftrag, es ist die Sendung. Es bin nicht ich die heilt. Heilen kann nur Gott mit dem betroffenen Menschen gemeinsam. Ich kann nur als Werkzeug Gottes helfen. Vor jeder Sitzung oder Ablöse bzw. Balance bete ich ein stilles Gebet und bitte Gott um seine Führung, Begleitung und Erfolg (Heilung darf ich es als Humanenergetikerin nicht nennen. Das Wort Heilung ist den Ärzten vorbehalte, obwohl sie auch nicht heilen, sondern der Patient heilt bzw. Gott.)

Autorin

Als Tochter eines Kaufmannes habe ich den Beruf als Einzelhandelskauffrau erlernt. Zehn Jahre später, schon als Mutter einer Tochter in Wien lebend, holte ich die Matura nach, machte den Bilanzbuchhalterkurs und schlug die Laufbahn als Steuerberaterin ein.

Durch mein eigenes Kurz-Tod-Erlebnis bei einem Herzstillstand 1988, bekam ich eine andere Einstellung zum Umgang mit Tod und Trauer. Ich bin überzeugt: „Wer liebevoll mit dem Tod umgeht, geht auch liebevoll mit dem Leben um." Daher habe ich seit 1990 Seminare, Vorträge und Vorlesungen sowie Lehrgänge an der Uni Wien und anderen einschlägigen Akademien (einschließlich einer ärztlichen Prüfung in Deutschland) absolviert, welche alle dazu dienten Menschen aus tiefen Krisen zu begleiten.

März 1992 bin ich dem Verein „Arbeitsgemeinschaft Haus des Friedens" beigetreten und von 1998 bis zur Auflösung des Vereines 2014, habe ich ehrenamtlich die Position als Obfrau übernommen. Arbeitsgemeinschaft Haus des Friedens war eine Arbeits-Gemeinschaft für Sterbe- und Trauerbegleitung nach Elisabeth Kübler-Ross. Zweck des Vereines war die Erarbeitung, Verbreitung und praktische Anwendung der Lebensbegleitung von Sterbenden und Menschen, die sich durch einen Todesfall in einer seelischen Krise befinden.

Seit 2009 übe ich den Beruf als Humanenergetikerin aus.

Haben Sie schon meine anderen Bücher gelesen?

„Engel, Jenseitsbotschaften und anderes Außersinnliche"

„Tod Krone des Lebens"
Erfahrungen meiner eigenen Nahtoderlebnisse und anschließend als Sterbebegleiterin

„Ich helfe Dir Deine Trauer zu lindern"
Unerträglichen Schmerz in Süße oder Liebesgefühle umwandeln

„Seelenpflege"
Meine Seele mein Ich

„Unter allen Umständen, bis dass der Tod euch scheidet"
Ehe Liebe Sexualität

„Ich wollte vom Frieden nicht nur träumen"

Quellennachweis
aus: Wikipedia, der freien Enzyklopädie
aus: „Channeling – Medien als Botschafter des Lichts" von Claire Avalon
aus: weiterentwickelte Kinesiologie TIOC